Vasten

De eenvoud van Gandhi en Jezus

Jonas Slaats

Vasten: De eenvoud van Gandhi en Jezus.
Jonas Slaats

www.jonasslaats.net

ISBN 978-90-814-9968-2
D/2015/12.808/3

Versie 1.4

© Yunus Publishing

Coverfoto's: Sophie Slaats
www.sophieslaats.com

NUR: 700, 728

Trefwoorden: spiritualiteit, religie.

Niets uit deze uitgave mag worden verveelvoudigd en/of openbaar gemaakt door middel van druk, fotokopie, microfilm of op welke wijze dan ook zonder voorafgaande schriftelijke toestemming van de auteur.

Spiritualiteit die geen invloed heeft
op het dagelijkse leven
is een zweverig niets.
(Gandhi)

Waar je schat is,
daar zal ook je hart zijn.
(Mt. 6, 21)

Inhoud

Voorwoord 1

De eenvoud van Gandhi 5

De eenvoud van Jezus 55

De dimensies van het vasten 81

De praktijk van het vasten 157

De spiritualiteit van het vasten 187

Gandhi's vastenperiodes 209

Woordenlijst 213

Referenties 217

Voorwoord

We weten niet meer wat vasten is. We zijn het kwijt.
Het is één van de krachtigste manieren om onze spiritualiteit te voeden, te versterken en te beleven, maar we zijn dat vergeten.
Nochtans willen heel wat mensen wel vasten. Ze voelen aan dat er een bepaalde kracht van uitgaat, maar ze weten niet hoe ze zich met die kracht kunnen verbinden.
Velen beperken het vasten daardoor tot kleine elementen. Tijdens een religieuze vastenperiode geven ze geen snoepjes aan hun kinderen of kopen ze heel eventjes geen cadeaus voor zichzelf. Anderen bekijken het vasten als een symbool van solidariteit. Ze doen een gift of zetten een project op dat geld inzamelt voor het goede doel. En nog anderen zien het vasten als een louter lichamelijke zuiveringskuur. Ze combineren het met allerhande kruidendranken en veronderstellen dat het zo bepaalde afvalstoffen uit hun lichaam zal verwijderen.
Dergelijke invullingen van het vasten bezitten de werkelijke diepte van de spirituele grondslag niet. Ze hebben zeker hun belang maar haken zich niet vast in

de bredere spiritualiteit van het vasten en beperken het vasten tot een eenzijdig aspect.

Vasten is nu eenmaal niet enkel bedoeld om ons lichaam te zuiveren maar ook om ons hart te bevrijden.

Heel wat spirituele tradities leren ons dan ook dat vasten de ziel helpt om de illusies van het ego te overstijgen en dat vasten een manier is om dichter te komen bij God.

Verschillende profeten en wijzen beklemtoonden deze kracht van het vasten. Het was een hoeksteen van hun leven en denken. Als we onze vastenperiodes opnieuw willen vullen met een diepere spiritualiteit, doen we er goed aan om ons door zulke profeten en wijzen te laten inspireren. Want wat zij ons op dit vlak kunnen bijbrengen, is van onschatbare waarde.

Gandhi en Jezus zijn twee zulke meesters van het vasten. Als geen ander kunnen beiden ons leren wat een spiritualiteit van het vasten inhoudt. Hun woorden en daden van eenvoud kunnen een diepere wijsheid aanboren en ons inspireren tot concrete daden van echte zuivering.

Jezus begon zijn publieke leven niet voor niets na een periode van intens vasten. Zijn vasten was immers een toonbeeld van de manier waarop Hij zichzelf leegmaakte om God ten volle plaats te laten nemen in zijn bestaan.

Dat is ook de grondlijn van zijn hele leven en dood: hij is het grootste voorbeeld van het feit dat we ons zozeer kunnen leeg maken dat uiteindelijk enkel God in onze ziel aanwezig blijft.

Zo zag Gandhi het ook. Jezus was voor hem het meest intense toonbeeld van zijn eigen spiritualiteit.

Gandhi bleef altijd een hindoe en nooit zou hij de banden doorknippen van de religieuze traditie waarin hij opgroeide. Maar hij had zo'n enorm respect voor alle religies en zo'n diepe bewondering voor alle profeten dat op zekere dag aan de muur van zijn werkkamer enkel een afbeelding van Jezus te vinden was.
Gandhi liet zich dus door Jezus' voorbeeld inspireren en gebruikte die inspiratie om zijn eigen hindoe-spiritualiteit uit te diepen.
Niets houdt ons tegen om hem daarin te volgen, door net het omgekeerde te doen. Wij kunnen onze eigen spiritualiteit ook door Gandhi laten inspireren. Zeker op het vlak van vasten. Gandhi doorgrondde de spiritualiteit van het vasten immers zozeer dat hij er uiteindelijk een nieuwe dimensie aan toevoegde: hij bracht het vasten voorbij het individu en door zijn toedoen werd het eveneens een middel om onrechtvaardigheid te doorbreken.

Het wordt dan ook tijd dat we de spiritualiteit van het vasten weer ontdekken want ze is, vandaag de dag, uitermate belangrijk om elke ziel en samenleving te ondersteunen in de zoektocht naar zuiverheid en vrede.
Door ons aan de voeten te zetten van deze twee mahatma's – van deze twee grote zielen – door naar hen te luisteren en door ons door hun eenvoud te laten inspireren, kunnen wij een oude traditie ook vandaag nieuw leven inblazen. Hun inzichten in het vasten kunnen ons immers helpen om elke strijd door te komen – zowel onze innerlijke spirituele strijd als onze strijd tegen maatschappelijk onrecht.

De eenvoud van Gandhi

Zijn eenvoud is als dat van een kind,
zijn toewijding aan de waarheid is resoluut,
zijn liefde voor de mensheid is positief en assertief.
Hij bezit, wat men noemt, een Christusgeest.

Tagore over Gandhi

Vasten in Gandhi's leven

Gandhi's meest gekende vastenperiodes zijn zonder twijfel de vastenacties in Delhi en Calcutta waarmee de 78-jarige Indiër erin slaagde om het geweld te bedaren dat de hindoe- en moslimgemeenschap uiteenscheurde als gevolg van de volksverhuizingen tussen India en Pakistan. Deze vastenacties zullen met recht en reden nog vele geschiedenisboeken overleven als moedige en succesvolle politieke daden.
Voor Gandhi was het vasten echter vooral een middel om zijn eigen ziel te zuiveren. Dus al waren zijn vastenacties een fundamenteel onderdeel van zijn geweldloos verzet tegen sociaal onrecht, hij zag zijn vasten in hoofdzaak als een onderdeel van zijn innerlijke en spirituele strijd.

Nochtans was de zoektocht naar spirituele zuiverheid niet wat hem oorspronkelijk op het pad van het vasten bracht want zijn initiële motivatie om te 'leren' vasten was zijn zoektocht naar *lichamelijke* zuiverheid. Gandhi's ervaringen met vasten begonnen immers als een naturopathisch experiment waarvan hij hoopte dat het tot een betere gezondheid zou leiden.
Wat dus eindigde als een spiritueel middel om vechtende menigtes tot geweldloosheid te brengen, begon eigenlijk heel eenvoudig als een dieet.

De eenvoud van Gandhi

Hoewel... In feite begon het nog eerder, toen hij nog veel te jong was om ook maar de minste zweem van een Mahatma* in zich te dragen of zich vragen te stellen bij de principes van het bestaan. Het begon bij het voorbeeld van zijn moeder toen hij nog geen tien jaar oud was.

Gandhi's moeder, Putlibai, was een erg vrome vrouw die zich plichtsbewust aan de vastenperiodes hield die de religieuze kalender voorschreef. Wat de kleine Gandhi zich daarvan vooral herinnerde, was het feit dat ze haar vasten nooit verbrak, zelfs niet wanneer ze ziek was.

"Tijdens een Chaturmas† nam ze de gelofte niet te eten zonder de zon te zien." vertelt Gandhi in zijn autobiografie. "Wij, kleine kinderen, stonden daar. We staarden naar de zon en wachtten om het verschijnen van de zon aan te kondigen aan onze moeder. Iedereen weet dat de zon zich vaak niet verwaardigt zijn gezicht te tonen tijdens de meest intense periode van het regenseizoen. En ik herinner me dagen dat de zon zich plots liet zien, zodat we naar binnen renden om het haar te vertellen. Zij snelde dan naar buiten om het met haar eigen ogen te zien, maar tegen dan was de vluchtige zon weer verdwenen, zodat haar opnieuw een

---

* Letterlijk betekent Maha-atma 'Grote ziel'. Deze bijnaam werd voor het eerst aan Gandhi gegeven door Rabindranath Tagore. Deze eretitel wordt normaal gezien gegeven aan mensen die meester geworden zijn over hun begeerten en als bevrijde zielen worden gezien. Gandhi vertelde vaak dat hij niet zo opgezet was met deze bijnaam, aangezien hij zichzelf daarvoor niet waardig achtte.

† Chaturmas betekent letterlijk 'een periode van vier maanden'. Het wijst op een gelofte van volledig of half vasten tijdens de vier maanden van het regenseizoen.

maaltijd werd ontnomen. 'Dat geeft niet,' zei ze dan opgewekt, 'God wilde niet dat ik at vandaag.' En ze keerde terug naar haar taken en bezigheden."[1]
Gandhi beschreef dit voorval niet voor niets. Het voorbeeld van zijn moeder was immers één van de eerste bouwstenen van zijn eigen ideeën rond satyagraha, het basisconcept van zijn hele spiritualiteit.
Letterlijk vertaald betekent satyagraha 'vasthouden aan de waarheid'.[*] Het wijst op de noodzaak om je daden coherent te laten zijn met je diepere spirituele overtuigingen. Wie liefde wenst, moet ook vanuit de liefde leven. Wie waarheid zoekt, moet zijn principes eerlijk en oprecht beleven. Wie rechtvaardigheid wil, moet geweldloosheid nastreven. Wie onafhankelijkheid wil, moet eerst zichzelf bevrijden van gehechtheden. Dat is de boodschap van satyagraha. En de spirituele standvastigheid van Gandhi's moeder was voor hem dan ook een voorbeeld van de spirituele standvastigheid waarnaar hij zelf zocht, zowel in zijn innerlijke worstelingen als in zijn strijd tegen onrechtvaardigheid.

Gandhi's moeder was trouwens ook de oorzaak van zijn rigoureuze zoektocht naar lichamelijke gezondheid, want toen Gandhi naar Londen ging om er rechten te studeren, vreesde ze de decadentie van deze grote, westerse stad die zowel in afstand als gewoonten heel ver verwijderd was van hun eigen religieuze omgeving. Ze verplichtte haar zoon dan ook om drie geloften af te leggen: geen wijn drinken, niet vreemdgaan en geen vlees eten.

---

[*] Voor het gemak van de lezer werd aan het einde van dit boek een korte verklarende woordenlijst toegevoegd van de woorden in Sanskriet en Hindi die in de tekst werden gebruikt.

De plichtsbewuste Gandhi stemde daar zonder problemen mee in, niet vermoedend dat de belofte geen vlees te eten hem onbewust zou katapulteren in allerlei experimenten met voeding en diëten, want van zodra hij in Londen aankwam, plaatsten zijn beloftes hem voor problemen. In Londen was er immers helemaal geen 'vegetarische cultuur' zoals hij die gewoon was in India. Het bleek dan ook geen eenvoudige opgave te zijn om zich zonder vlees toch gezond te voeden.

Uit respect voor zijn moeder en uit zelfrespect omwille van zijn gegeven woord, zette hij toch door en na een ietwat onwennige periode waarin hij heel ongevarieerd (en al bij al ook gewoon heel weinig) at, vond hij uiteindelijk een vegetarisch restaurant.

Het restaurant was de vaste stek van de voortrekkers van de kleine vegetarische beweging van die tijd. Gandhi raakte al snel met hen in contact, leerde verschillende voedingstheorieën kennen en las er meerdere boeken over.

Het gevolg liet niet lang op zich wachten: Gandhi was nu niet alleen vegetarisch omwille van de gelofte aan zijn moeder, maar hij werd ook vegetariër uit persoonlijke overtuiging. Hij was immers al snel de mening toegedaan dat vegetarisme ook werkelijk de gezondste voedingswijze was.

"Ik zegende de dag waarop ik de gelofte aan mijn moeder had afgelegd." schreef hij later. "Ik had er tot dan toe van afgezien vlees te eten in het belang van de waarheid en de belofte die ik had gedaan, maar ik had tegelijkertijd ook stiekem gewenst dat elke Indiër een vleeseter zou zijn en ik had er naar uitgekeken om zelf ooit openlijk en vrij vlees te eten en anderen eveneens zo ver te brengen. De keuze werd echter gemaakt in het voordeel van vegetarisme, waarvan de verspreiding van nu af aan mijn missie werd."[2]

Vegetarisme bleef doorheen Gandhi's leven steeds een heel belangrijke – en zelfs cruciale – aangelegenheid. Hij schreef erover in meerdere artikels en boeken en verbrak het geen enkele keer.
Vegetarisme was echter geen eindconclusie maar veeleer een begin. Gandhi zou immers steeds opnieuw experimenteren met voeding en verschillende dieetwijzen.[*] Soms ging het om eenvoudige aanpassingen zoals thee door cacao vervangen, maar af en toe behelsde het ook drastische en heel ingrijpende voedingswijzigingen, zoals zijn keuze om tijdens zijn verblijf in Zuid-Afrika fruitariër te worden – wat betekende dat hij jarenlang niets anders at dan vruchten, noten en olijfolie.
In dit uittesten van allerhande diëten stak echter ook al snel een spirituele component de kop op. Wat begon als een verplichting, opgelegd door zijn moeder, en verder ging als een zoektocht naar gezondheid en lichamelijke zuiverheid, werd uiteindelijk een weg naar spirituele zuiverheid.
In Londen herontdekte Gandhi immers niet alleen het vegetarisme, maar ook de Bhagavad-Gita, één van de basiswerken uit het hindoeïsme. Enkele vrienden

---

[*] Men bekijkt Gandhi vooral als een politieke en/of spirituele leider. Maar Gandhi schreef zelf in het voorwoord van een heruitgave van zijn boekje *Een sleutel tot gezondheid*: "Van al mijn geschriften werd dit boek het meest populaire." De zoektocht naar gezondheid was dus geen klein aspect in het leven van de Mahatma, maar eerder een integraal onderdeel van zijn persoonlijkheid en had tevens een grote invloed op zijn omgeving.

vroegen hem, als Indiër, om hen te vergezellen naar leesavonden, om dit spirituele boek samen te bespreken. Zo brachten ze Gandhi terug in contact met een hoeksteen van zijn eigen spirituele cultuur.

De inhoud en wijsheid van de Bhagavad-Gita zou hem nooit meer loslaten en werd een leidraad voor zijn leven.

Gandhi's experimenten met voeding waren daardoor geen losstaande fait divers, maar net als vele andere keuzes, geloftes en daden werden ze een onderdeel van de religieuze zoektocht die de Gita voor ogen houdt: de zoektocht naar eenwording met God door onthechting.

"Als resultaat van mijn experimenten", schreef Gandhi in zijn biografie, "kwam ik te weten dat het eten van de brahmachari* gedoseerd, eenvoudig, niet pikant en, indien mogelijk, ongekookt moet zijn. De onvatbaarheid voor passie die ik ervoer wanneer ik zo at, kende ik niet meer nadat ik dit dieet veranderde."[3]

De 'onvatbaarheid voor passie' waarover hij hier spreekt moet natuurlijk in brede zin worden geïnterpreteerd. Zo heeft hij het niet enkel over seksuele lust. Hij zocht naar de bevrijding van *alle* begeerten. Hij was immers een overtuigd hindoe en als hindoe wenste hij te ontkomen aan het lijden van het leven. Hij wilde de cirkel van wedergeboorte doorbreken door zich te ontdoen van al zijn gehechtheden. Hij was dus op weg naar wat men in het hindoeïsme moksha noemt: de staat van begeerteloosheid die iemand doet ontsnappen uit de eeuwige kringloop van lijden. Wie die staat bereikt, zo kan men lezen in de Bhagavad-Gita, vindt diepe vrede

---

* Brahmacharya is Sanskriet voor celibaat. Gandhi deed de gelofte van brahmacharya toen hij 35 was. Een brahmachari is iemand die de gelofte van brahmacharya heeft afgelegd.

en eenheid met het goddelijke.

Zijn diëten waren dan ook geenszins een doel op zich. Zij waren slechts een 'middel' tot het bereiken van moksha. Aangezien ook smaak steeds een bepaald verlangen of een zekere begeerte inhoudt, was het voor Gandhi van belang die smaak onder controle te houden en zich er niet aan te hechten – net zoals hij zich niet wenste te hechten aan enige andere begeerte.

Gandhi's eerste experimenten met voeding en dieet kwamen dus wel voort uit natuurgeneeskundige overwegingen maar gaandeweg baseerde hij ze toch steeds meer op religieuze en spirituele gronden. Met zijn vasten was dat niet anders. Ook dat testte hij eerst uit om na te gaan welke positieve gevolgen het kon hebben voor zijn gezondheid, maar het werd algauw een spiritueel middel om de essentie van het bestaan steeds dieper te doorgronden. Het werd één van de manieren waarop hij 'experimenteerde met de waarheid'.

Wanneer Gandhi het heeft over 'experimenteren met de waarheid' heeft hij het uiteraard niet over wetenschappelijke testen in een klinisch labo. Hij wijst ermee op 'zielsonderzoek' – en dat heeft steeds plaats in de complexiteit van het leven zelf.

"Waarheid is voor mij het alles overstijgende principe dat vele andere principes in zich opneemt." schrijft hij in de inleiding van zijn autobiografie. "Deze waarheid is niet enkel de waarheid in woorden, maar ook de waarachtigheid in gedachten en niet alleen de relatieve waarheid van ons begrip, maar de Absolute Waarheid, het Eeuwige Principe, dat God is. (...) Ik heb Hem nog niet gevonden, maar ik zoek Hem. Ik ben bereid de dingen die me het nauwst aan het hart liggen op te geven om verder te geraken op deze zoektocht. Zelfs wanneer het gevraagde offer mijn eigen leven zou zijn, hoop ik dat ik bereid ben het te geven."[4]

Hij experimenteerde dus niet met rationele feiten, maar, zoals Jacob aan de rand van de rivier, worstelde hij met God – de Absolute Waarheid.

Door te 'worstelen met Waarheid' kwam Gandhi natuurlijk tot heel andere conclusies dan de wetenschap van zijn tijd en door zijn 'spirituele experimenten' stond zijn denken in schril contrast met dat van andere politici. Wetenschappers en politici deden onderzoek naar kernenergie en ontwikkelden massavernietigingswapens zoals de atoombom. De Mahatma onderzocht echter de spirituele energie die zich in elke mens bevindt en ontdekte wat hij uiteindelijk het meest krachtige wapen van de *geweldloze* strijd zou noemen: het vasten.

Gandhi zag het vasten als "een laatste redmiddel wanneer alle andere wegen en remedies zijn uitgeprobeerd en hebben gefaald."[5] Daarmee doelde hij niet alleen op politieke impasses in de maatschappij, maar ook – en misschien zelfs vooral – op spirituele impasses in onszelf.

Vasten als een geweldloos wapen

Gandhi gebruikte het vasten in zijn strijd voor sociale rechtvaardigheid zeker niet enkel als een manier om zich tegen geweld te verzetten. Hij vastte op verschillende wijzen en om heel uiteenlopende redenen. Hij vastte soms maar enkele dagen om zijn berouw te tonen voor bepaalde gebeurtenissen en hij vastte soms meerdere weken om hindoes ertoe te bewegen de dalits, de kastelozen, in hun tempels toe te laten. Hij vastte soms om zijn politieke medestanders tot andere gedachten te brengen en hij vastte soms om het beleid van de Britse overheid aan te klagen.[*]

De meest tot de verbeelding sprekende vastenacties blijven natuurlijk zijn twee laatste vastenperiodes die ervoor zorgden dat de vechtende menigtes in de straten van Calcutta en Delhi hun geweld afzworen. Maar ze zijn zeker niet allen zo miraculeus. De eerste keer dat hij een 'publieke vasten' ondernam – d.w.z. de eerste keer dat hij niet vastte omwille van zijn eigen lichamelijke, mentale of spirituele gezondheid maar dat hij vastte om zijn relaties met anderen te herstellen – was het een heel kleine en op het eerste zicht weinig opvallende

---

[*] Een overzicht van Gandhi's verschillende vastenacties is opgenomen achteraan dit boek. Het overzicht geeft de lezer de mogelijkheid om de vastenperiodes die in dit boek worden besproken in hun breder historisch kader te plaatsen.

gebeurtenis. Zijn allereerste publieke vasten was immers een vrij toevallig gebeuren op de Phoenix-boerderij, de ecologische leefgemeenschap die hij stichtte toen hij nog in Zuid-Afrika woonde en werkte.

De exacte aanzet van die vasten is niet gekend, al weten we wel dat Gandhi van mening was dat enkele kinderen van de boerderijgemeenschap zich hadden misdragen. "Mijn plicht leek mij duidelijk." schreef hij later, "Ik vond dat de beschermer of leraar, tot op zekere hoogte alleszins, verantwoordelijk was voor de fout van zijn beschermeling of leerling. (...) Ik vond dat ik de schuldige partijen mijn verdriet en de diepte van hun val enkel kon laten beseffen door zelf een soort boetedoening te doen. Ik verplichtte mezelf zeven dagen te vasten en deed de gelofte dat ik gedurende vier en een halve maand maar één maaltijd per dag zou eten."[6]

Gandhi, die in de Phoenix-boerderij ook de leerkracht was, had al snel geleerd dat "straffen van kinderen niet uitzuivert, maar als het al iets doet, vooral kinderen ruwer maakt."[7] Gandhi's vasten was in dit geval dan ook een test om te zien of het niet alleen zijn eigen hart maar ook dat van anderen kon uitzuiveren.

Zijn vermoeden werd ook bevestigd want al viel het vasten zelf hem wat lastig, het bleef niet zonder resultaat. "De boetedoening (...) zuiverde de sfeer tussen allen." schreef hij. "Iedereen realiseerde zich wat voor een verschrikkelijk iets het was om zondig te zijn en de band die me aan de jongens en meisjes bond, werd nog groter."[8]

In de literatuur rond Gandhi wordt zelden gerefereerd aan de vastenperiodes die hij ondernam om de jongeren

in zijn leefgemeenschappen en ashrams zonder te straffen toch moreel terecht te wijzen. Niettemin zit in zo'n klein fait divers de grootsheid van de Mahatma verborgen.
"De basis van deze daad is wederzijdse liefde." maakte hij duidelijk: "Ik weet dat de jongens en meisjes mij liefhebben. Ik weet ook dat het mijn opperste geluk zou betekenen mijn leven te geven, als het afgeven van mijn leven hen vlekkeloos zou kunnen maken."[9]
Of het nu gaat over kleine jongens of meisjes in de ashram die iets hebben mispeuterd, of over grote bendes vechtende hindoes in Delhi, de achterliggende motivatie is steeds dezelfde: uit liefde een deel van zijn leven geven zodat het geweten van degene die hij liefheeft, wakker wordt geschud.

Dat zelfgave de basis was van Gandhi's vasten toont zich uiteindelijk het sterkst in zijn 'voorwaardelijke vastenacties'. Dat zijn namelijk de vastenacties die hij niet wilde onderbreken tenzij anderen bepaalde voorwaarden konden volbrengen. In tegenstelling tot 'onvoorwaardelijke vastenperiodes' hebben voorwaardelijke vastenacties dan ook geen vooraf bepaalde lengte. Ze eindigen pas wanneer de wensen van de vaster worden ingewilligd.
Voorwaardelijke vastenacties dragen dan ook een bijzonder drastische consequentie in zich: *ze resulteren in de dood van de vaster als de gestelde voorwaarden niet worden voldaan.*
Eenmaal de beslissing was genomen om zo'n vasten aan te vatten, was Gandhi er zich dus van bewust dat hij door uithongering zou sterven als men zijn smeekbede niet kon of wou beantwoorden.

Voor velen wijst dat erop dat Gandhi's vasten niets meer of minder was dan een moreel drukmiddel, een psychologisch gewelddadige manier om anderen te verplichten zijn wensen in te willigen. Men ziet dan echter een cruciaal element van Gandhi's vasten over het hoofd: Gandhi vastte *nooit* om een tegenstander te overhalen zijn eisen in te willigen, maar Gandhi's voorwaardelijke vasten was telkens opnieuw *op de eigen groep gericht.*

Een voorwaardelijke vasten was weliswaar een extreme daad, maar het was er steeds op gericht om, net door die extremiteit, de harten van de mensen wakker te schudden, hun ogen te openen en hen te doen inzien welk onrecht zij in de wereld riepen. Hij vastte dus niet om zijn tegenstander onder druk te zetten maar wel om zijn eigen gemeenschap, groep of medestanders tot inzicht en zuivering te brengen. Een voorwaardelijke vasten is immers niet bedoeld om het eigen gelijk te krijgen of anderen te kwetsen, maar om daden in vraag te stellen.

De eerste keer dat Gandhi een voorwaardelijke vastenactie ondernam, was het ook een heel spontane daad. Men had hem gevraagd als bemiddelaar op te treden in een dispuut tussen de bedrijfsleiders en de arbeiders van een molenbedrijf in Ahmedabad. De weigering van de bedrijfsleiders om de arbeiders een redelijke loonsverhoging te geven gaf aanleiding tot een staking. Toen deze enkele weken duurde, begonnen sommige arbeiders naar de molen terug te keren en zich bereid te tonen het lagere aanbod van de bedrijfsleiders te aanvaarden. Net op dat moment, wanneer alles dreigde uiteen te vallen en de stakers klaar waren om op te geven, besloot Gandhi over te gaan tot een

voorwaardelijke vasten.
"Ongevraagd en heel spontaan kwamen de woorden op mijn lippen." vertelde hij. "'Laat de stakers bijeen blijven' sprak ik tot de vergadering, 'en laat ze doorgaan met staken'. Tot er een overeenkomst wordt gevonden of tot wanneer de stakers de molen compleet verlaten, zal ik geen eten aanraken.'"[10]
De vasten richtte zich dus geenszins op de bedrijfsleiders. Het was geen laatste wanhoopsdaad om hen toch te overhalen de loonsverhoging door te voeren. De vasten richtte zich op de stakers zelf – de groep waarvoor Gandhi zich verantwoordelijk voelde. Hij wilde hen aansporen niet terug aan het werk te gaan tenzij zij verkregen wat zij met recht en reden eisten.
Na drie dagen werd een overeenkomst gesloten op initiatief van de bedrijfsleiders.
Gandhi gaf achteraf echter toe dat zijn vasten niet helemaal zuiver op de graat was. Vooreerst trok hij de spirituele eerlijkheid van zijn eigen intenties wat in twijfel. "Was het trots of was het mijn liefde voor de arbeiders en mijn passie voor waarheid die eronder zat – wie zal het zeggen?"
Vervolgens zag Gandhi zelf ook in dat zijn vastenactie, als gevolg van zijn eerder vriendschappelijke relaties met de eigenaars van de molen, niet anders kon dan ook de beslissing van de bedrijfsleiders beïnvloeden. "Ik probeerde de eigenaars van de molen gerust te stellen. 'Er is niet de minste noodzakelijkheid om jullie standpunt te herzien' zei ik tot hen, maar ze namen mijn woorden koud aan en wierpen mij zelfs vinnige en subtiele stukjes sarcasme toe, waartoe zij ook helemaal het recht hadden."[11] vertelde hij.
Gandhi vond hun verwijten terecht want in dit geval, zo

gaf hij toe, was zijn vastenactie van een ietwat gemengde aard. De vasten was niet bedoeld om de bedrijfsleiders onder druk te zetten, maar door de specifieke context was dat wel één van de gevolgen.

Niettemin, net door het feit dat Gandhi toegaf dat deze specifiek vasten niet helemaal was zoals het hoorde, worden de spirituele voorwaarden van een voorwaardelijke vasten eigenlijk alleen maar extra in de verf gezet: *een vasten mag enkel gebruikt worden 'tegen' diegenen die men liefheeft, mag enkel voor onzelfzuchtige doeleinden worden aangewend en mag nooit louter als drukmiddel worden gebruikt.*

Heel wat van de hedendaagse vastenacties van bepaalde groepen, zoals mensen die het gebruiken om een verblijfsvergunning te krijgen, moeten vanuit een Gandhiaans perspectief dan ook zonder meer worden afgekeurd.

Gandhi drong er trouwens altijd op aan dat men hem er zou op wijzen wanneer hij in de fout ging. Hij stond steeds open voor discussie en was steeds bereid zijn daden, woorden of ideeën te herzien als men hem kon overtuigen van hun onzuiverheid. Ook als hij bij zichzelf iets ontdekte dat niet in overeenstemming was met zijn principes van ahimsa[*] of satyagraha was hij steeds bereid om "zonder aarzelen zijn foute stappen

---

[*] 'Ahimsa' is een woord uit het Sanskriet en betekent letterlijk 'niet kwetsen'. In brede zin houdt dit in: 'vermijden een voelend wezen te kwetsen door daad of gedachte'. Dit principe is van elementair belang in de Indische religies, vooral het jaïnisme en het boeddhisme. Het word vaak vertaald als 'geweldloosheid'. Gandhi zorgde echter voor een bredere betekenis van dit woord zodat men het ook kan verstaan als Liefde met een hoofdletter L. Gandhi beschouwde ahimsa als Gods basiswet.

van de daken te schreeuwen".[12]

Luisterbereidheid en zelfreflectie zijn nu eenmaal essentiële onderdelen van het 'experimenteren met de waarheid'.
Het feit dat één voorwaardelijke vastenactie niet helemaal in overeenstemming was met het principe van satyagraha betekende voor hem dan ook dat hij wel bereid was de onzuiverheden ervan te erkennen, maar niet dat het principe van (voorwaardelijk) vasten als een geweldloos middel in de strijd voor rechtvaardigheid moest worden opgegeven. Het moest enkel worden gecorrigeerd en geperfectioneerd.
En die correcties voerde hij ook door. De vastenacties die ervoor zorgden dat vechtende menigtes tot bedaren werden gebracht, bezaten bijvoorbeeld wel degelijk de nodige zuiverheid. In die vastenacties werden de spirituele principes in alle eenvoud toegepast – en met succes.
Zo kon hij tijdens zijn laatste vasten in Delhi de mensen heel vastberaden toespreken: "Met God als mijn opperste raadgever, voelde ik dat ik deze beslissing moest nemen zonder enige andere raadgever. (...) Daarom dring ik er bij iedereen op aan om de reden [van mijn vasten] objectief in overweging te nemen en, als het moet, mij te laten sterven in vrede – een vrede waarvan ik hoop dat die verzekerd is. De dood zou voor mij een glorieuze bevrijding betekenen in plaats van hulpeloos te moeten toezien hoe India, het hindoeïsme, het sikhisme en de islam verwoest worden. (...) Laat mijn vasten het geweten van de mensen bezielen en het niet doden. (...) Ik zou al mijn vrienden

De eenvoud van Gandhi

op mijn knieën willen vragen niet naar Birla House[*] te komen noch mij proberen te overhalen of zich om mij zorgen te maken. Ik ben in Gods handen. Zij zouden veeleer het zoeklicht inwaarts moeten richten, want dit is, in essentie, een test-tijd voor ons allen. (...) Deze vasten is een proces van uitzuivering."[13]

Het maakt duidelijk hoezeer Gandhi zijn laatste vasten ondernam vanuit een diepe (maar ook gepijnigde) liefde.

Het onmiddellijke doel van deze vastenactie was het stoppen van het enorme geweld dat in deze steden was uitgebarsten naar aanleiding van de volksverhuizingen tussen India en Pakistan na de onafhankelijkheid.[†]

Gandhi zou zijn vasten dus niet onderbreken – en daardoor sterven – als het geweld niet werd gestaakt. De liefde voor zijn volk, de liefde voor zijn land, de liefde voor zijn religie en zelfs heel eenvoudig de liefde voor zijn vrienden lieten hem zijn toevlucht nemen tot

---

[*] De plaats waar Gandhi verbleef tijdens zijn laatste vasten. In de tuin van deze villa van de familie Birla werd Gandhi ook doodgeschoten.

[†] Bij de uiteindelijke onafhankelijkheid van Brits India splitste het land meteen ook in twee. De delen van Brits India waar de grootste concentratie hindoes zich bevond, werden India en de gebieden met de grootste concentratie moslims werden Pakistan. Dat betekende echter dat India uiteenviel in drie delen. Zowel in het noordoosten als ten noordwesten van Brits India bevonden zich gedeeltes met een grotere moslimbevolking. Pakistan was initieel dan ook een land met twee delen, van elkaar gescheiden door duizenden kilometers India. Vandaar dat de volksverhuizing zich zowel aan westelijke als oostelijke grens voltrokken, met als gevolg dat de spanningen zowel in Delhi (in het noordoosten) als Calcutta (in het noordwesten) hoog opliepen. Later splitste het westelijke gedeelte van Pakistan zich af en werd het huidige Bangladesh.

deze laatste radicale daad die erop gericht was om de hele samenleving tot zelfreflectie te brengen.

Laat het echter duidelijk zijn dat Gandhi ook deze keer enkel vastte om zijn 'eigen' groep tot morele zelfzuivering aan te zetten. Dat betekent dat hij enkel voorwaarden stelde aan de hindoegemeenschap en nooit aan de moslims. Veel hindoes misprezen hem hiervoor. Maar Gandhi week niet af van zijn principe: hij richtte zich tot zijn eigen groep, waardoor hij een ongeëvenaard historisch voorbeeld gaf van het feit dat de cirkel van geweld inderdaad kan worden doorbroken als één van de partijen het initiatief neemt om van geweld af te zien. Daar was Gandhi's vasten immers steeds op gericht: ervoor zorgen dat één partij – zijn eigen partij – de fouten inziet, die toegeeft en aan het geweld verzaakt.

Het doorbreken van de vicieuze cirkel van geweld was voor Gandhi niet louter een tactisch iets. Het was geen 'militaire strategie'. Het was eerder een 'religieuze plicht'. Het was een taak die verbonden was met de spiritualiteit en moraliteit van zijn religie.

Het hooghouden van moraliteit, het weerstaan aan onrecht en het vasthouden aan ahimsa (geweldloosheid) waren voor Gandhi immers spirituele motieven. Ze vloeiden voort uit zijn wens om, zoals hij het zelf zei, 'God van aangezicht tot aangezicht te kunnen zien'.

Het bestrijden van onrecht op een geweldloze manier stemde in zijn ogen overeen met Gods wil. Zijn vasten was dus niet louter een contextueel middel om een heel specifiek doel te bereiken, maar het was voor hem soms de enige manier waarop hij het onrecht om zich heen kon weerstaan in overeenstemming met Gods wil,

waarheid en liefde.
Gandhi hield in zijn vastenacties naast zijn directe doelen dan ook steeds een hoger spiritueel doel voor ogen.
Dat toont zich dan waarschijnlijk weer het sterkste in zijn onvoorwaardelijke vastenperiodes, d.w.z. in die vastenperiodes waarin hij geen specifieke eisen stelde en die hij eerder gebruikte als symbolische handelingen om onrecht aan te klagen. Ze duurden steeds een vooraf duidelijk vastgelegde periode en richtten zich niet zozeer op acute problemen maar stelden vooral sociale gewoontes en gebruiken in vraag.
In 1933 vastte hij bijvoorbeeld gedurende 21 dagen om de hindoes ertoe aan te zetten de dalits in hun tempels toe te laten. Deze concrete eis was echter maar één specifiek element van zijn grotere spirituele wens: dat de hindoes hun religie zouden uitzuiveren, de uitwas van kasteloosheid zouden verwijderen en de dalits in hun harten zouden opnemen.
De concrete eisen of wensen van zijn vastenacties waren dus slechts de directe 'doelwitten' van zijn 'geweldloze wapen', ook in de voorwaardelijke acties. Het bedaren van het geweld was slechts de oppervlakkige laag. Zijn echte 'doelwit' was telkens opnieuw spirituele uitzuivering en omwenteling van het hart – zowel van individuen als van groepen, zowel van anderen als van zichzelf.

De grotere spirituele dimensie was daarenboven niet alleen het doel van Gandhi's vasten maar werd in zijn laatste vastenacties ook steeds het vertrekpunt.
Het spirituele was voor Gandhi immers een zeer tastbare realiteit en wel in die mate dat hij zijn besluit

om te vasten vaak rechtstreeks toeschreef aan Gods wil. Gandhi vastte dan ook niet tenzij hij ervan overtuigd was dat de 'innerlijke stem', zoals hij dat noemde, hem dat op één of andere manier had opgedragen.
Vooral als het voorwaardelijke vastenacties betrof, gaf Gandhi aan dat de mogelijkheid enkel in hem opkwam na intens gebed en meditatie. Voorwaardelijke vastenacties waren voor hem nooit evidente aangelegenheden. Het was dus zeker nooit zijn eerste en reeds vooraf bepaalde idee wanneer hij geconfronteerd werd met een bepaald conflict. Hij ondernam een vasten alleen na alles goed te hebben overwogen, wanneer hij geen andere oplossing kon bedenken *en* wanneer hij er op een zielsmatige manier toe werd geïnspireerd.
Zijn antwoord aan een waardevolle collega, die hem trachtte te overhalen om te vasten toen in 1946 geweld was uitgebroken in Bengalen, maakt het meer dan duidelijk: "Ik verzette me en zei nee. Er is geen innerlijke roep. Wanneer die komt, zal niets mij tegenhouden. Ik heb mijzelf al bevraagd en gereflecteerd over mogelijke redenen. Maar ik moet eigenlijk geen redenen geven. Laat de mensen mij maar een lafaard noemen als ze dat willen. Ik heb er vertrouwen in dat God mij de kracht zal geven om het aan te kunnen wanneer het uur aanbreekt. En op dat moment zal ik klaarstaan."[14]
Maar eenmaal zijn 'innerlijke stem' hem wel tot vasten aanzette en hij ervan overtuigd was dat het inderdaad de allerlaatste optie was, hield Gandhi zich steeds vastberaden aan zijn beslissing. Ook daar zijn genoeg voorbeelden van. Toen Gandhi in 1947 op 78-jarige leeftijd wel besloot om te vasten, vreesden vele

medestanders dat het wel eens zijn laatste vasten zou kunnen zijn. Een naaste medewerker probeerde hem van het idee af te brengen en vroeg hem: "Waarom zou je limoensap toevoegen aan je water, als je toch beweert dat je je volledig in Gods handen plaatst?" In de eerste versie van Gandhi's verklaring, die hij aan de pers zou geven, stond dat hij, net zoals in alle vorige en gelijkaardige vastenperiodes, zichzelf zou toelaten zout, soda en zure limoenen toe te voegen aan het water dat hij tijdens het vasten zou drinken.[15] De medewerker wilde met zijn vraag Gandhi wijzen op het feit dat hij zich eigenlijk niet echt aan God overgaf en dat hij dus maar beter het hele idee af kon blazen. Het argument overtuigde Gandhi echter niet. In plaats daarvan antwoordde hij: "Je hebt gelijk. Ik liet het toe uit zwakte. Het zat me al dwars toen ik het schreef. Een satyagrahi* moet hopen dat hij zijn voorwaardelijke vasten overleeft door een tijdig volbrengen van de door hem gestelde voorwaarden."[16] Gandhi schrapte onmiddellijk de zure limoenen uit zijn verklaring en begon een vasten die hij enkel en alleen zou verbreken indien de rust zou terugkeren in Calcutta en alle geweld zou verdwijnen.

Drie dagen later kon hij de vastenactie verbreken want de vechtende menigtes kwamen effectief tot bedaren.

Eenmaal een vasten was aangevat, wilde Gandhi, net zoals zijn moeder dat had gedaan, niet stoppen tot wanneer hij de zonnestralen doorheen de moessonwolken zag breken – al waren het in zijn geval

---

* Een satyagrahi is iemand die zich toelegt op satyagraha. Gandhi omschreef een satyagrahi vaak als 'hij die aan waarheid is toegewijd'.

moessonwolken van geweld en stralen van Gods waarheid.

"God is waarheid en waarheid is God" zei Gandhi. Het was voor hem dan ook logisch: "Zonder een levende Waarheid is God nergens. Als God niet zetelt op de troon van het hart is het allemaal bedrog."[17]

Leven te midden van onrecht zonder er iets aan te doen was bedrog in Gandhi's ogen. Geweld met geweld bestrijden was bedrog. Gods waarheid en Gods liefde niet als leidraad nemen was bedrog. Vasten was voor hem dan ook een manier om Gods waarheid wel als leidraad te nemen, om geweld met liefde te bestrijden en om het onrecht geweldloos aan te klagen.

Als vasten voor Gandhi het meest krachtige wapen van satyagraha is, dan is dat omdat het in allerlei verschillende contexten, oorzaken en situaties in staat is om individuen en groepen tot spirituele zuivering aan te zetten en God weer ruimte te bieden – zowel in het eigen leven als in de maatschappij.

Het resultaat van Gandhi's vasten

Had Gandhi het wel bij het rechte eind? Bracht zijn vasten ook werkelijke resultaten met zich mee? Is er echt sprake van spirituele zuivering of is dat maar schijn?
Het zou ongandhiaans zijn en getuigen van een weinig eerlijk experimenteren met de waarheid indien men zich deze vragen niet zou stellen.
Wat de concrete en directe doelstellingen van Gandhi's vastenacties betreft zijn de vragen natuurlijk gemakkelijk te beantwoorden. Ofwel bekwam hij met zijn vasten het gewenste onmiddellijke resultaat ofwel niet. Dat wil zeggen: ofwel werden zijn eisen ingewilligd ofwel niet.
Zorgde zijn vasten omwille van de morele fouten van de kinderen in de ashram voor een nieuwe sfeer in de gemeenschap? Zorgde zijn vasten om dalits toe te laten in de tempels ervoor dat men de kastelozen ook werkelijk meer toegang verschafte? Zorgde zijn vasten in Delhi en Calcutta ervoor dat de vechtende bendes de wapens neerlegden? Het antwoord is telkens ja.
Dat zijn vasten het geweten raakte van de kinderen in zijn ashrams zal waarschijnlijk weinig mensen verbazen maar dat een kleine, 78-jarige man er, op het moment dat het land in twee scheurde, in slaagde om een opgezweepte en oncontroleerbare massa het geweld te

doen afzweren, doet toch vragen rijzen.

Wat weinigen weten is dat de Mahatma dat al een eerste keer voor mekaar kreeg in 1921, toen hevige rellen waren uitgebroken in Bombay. Het geweld richtte zich hoofdzakelijk op buitenlanders, waardoor vooral parsi's en christenen het slachtoffer werden. "Onschuldige trampassagiers werden door een aanzwellende menigte aangerand. " schreef Gandhi in zijn tijdschrift Young India. "Een tram en een motor werden in brand gestoken. Ook drankwinkels werden verwoest en twee ervan gingen in vlammen op. (...) In Bhindi Bazar werd elke voorbijganger die een buitenlandse hoed droeg, aangerand en werden zij zelfs in elkaar geslagen indien zij hun hoed niet wilden afgeven."[18]

Uiteraard werd dit geweld meer dan overtroffen door de immense verwoestende golf van communautair geweld tussen hindoes en moslims, die zich 26 jaar later over het land verspreidde na de afsplitsing van Pakistan*, maar in beide gevallen was Gandhi's antwoord op het gewelddadige brullen van de massa hetzelfde: zijn leven in stilte voor hen neerleggen.

Telkens opnieuw legde Gandhi zijn leven in de waagschaal door quasi onmogelijke voorwaarden te stellen. Maar zijn vasten zorgde er ook elke keer voor dat de politici en de leiders van de groepen die verantwoordelijk waren voor het geweld hun verantwoordelijkheden opnamen en de vechtende menigten opriepen om het geweld te staken, zodat

---

* Bij de splitsing van India en Pakistan trokken ongeveer 14,5 miljoen mensen de nieuwe grenzen over. Door het geweld dat deze enorme volksverhuizingen met zich mee brachten schat men dat meer dan 500.000 mensen om het leven kwamen.

Het resultaat van Gandhi's vasten

Gandhi's voorwaarden uiteindelijk in recordtempo werden volbracht.

Een brief, die publiekelijk bekend gemaakt werd als antwoord op Gandhi's vasten in 1921 en die getekend werd door alle leiders van de verschillende gemeenschappen, beschrijft heel duidelijk hoe zoiets mogelijk was:

> De burgers van Bombay zullen blij zijn te vernemen dat, dankzij de gemeenschappelijke inspanningen van hindoe-, moslim- en parsileiders, er weer vrede heerst in de meeste delen van de stad. Van 's morgens tot 's avonds gingen ze in koetsen en karren rond in de stad om iedereen te overhalen op te houden met het geweld en de vrede te bewaren. Iedereen ging ook in op dat verzoek. Er zal echter zeker nog wat spanning heersen in bepaalde buurten. Iedereen zou zijn uiterste best moeten doen om ook in die buurten de rust terug te brengen. Het is noodzakelijk dat we allemaal elkaars fouten vergeven en vergeten. Hindoes, moslims, parsi's, christenen en joden, die allen hun thuis hebben in India, moeten samen leven als broers en zussen en de verschillen en tekortkomingen van elkaar leren verdragen. We zouden allen beschaamd moeten zijn voor de schande die we over de prachtige naam van Bombay hebben uitgeroepen. Enkel door vrede te herstellen en te bewaren kan die schande worden weggewassen, en we verzoeken dan ook alle burgers van Bombay tot een cordiale samenwerking in dit gebeuren.[19]

De eenvoud van Gandhi

Het duurde slechts vier dagen om de rust en vrede terug te doen keren in Bombay. Gandhi's vasten bleek dus de noodzakelijke katalysator te zijn om de gemoederen te bedaren, om massa's mensen tot zelfreflectie aan te zetten en de agressie van de vechtende benden te stoppen. Zijn geweldloze wapen had de harten van de mensen geraakt en hen tot inkeer gebracht.

Toen Gandhi er in 1947 in Calcutta opnieuw in slaagde om met zijn vasten het geweld in de kiem te smoren, was dat echter helemaal niet vanzelfsprekend. Het geweld was nog veel groter dan tijdens de rellen van 1921 in Bombay en de kans dat Gandhi's vasten een impact zou hebben, leek nog veel kleiner. Heel wat biografen noemen het dan ook een 'mirakel'. Wat Gandhi's vasten daar teweegbracht, was ook werkelijk verbazingwekkend en kende weinig of geen voorlopers.

Calcutta en Bengalen waren na de splitsing van Pakistan en India een stad en een streek vol afgrijselijke taferelen. Vele weken sleepten de rellen aan. Het geweld van de ene partij werd slechts beantwoord met nog meer geweld van de andere en het dodental steeg dagelijks. Toen Gandhi geen andere mogelijkheid meer zag, besloot hij te vasten.

Zijn vasten in Calcutta duurde slechts 73 uur. De verschillende bendeleiders kwamen naar hem toe en beloofden het geweld te staken.

Gandhi beloofde op zijn beurt dat hij tot de dood zou vasten als het geweld op de één of andere manier opnieuw de kop zou opsteken. Hij bedoelde het deze keer echter niet als een nieuwe vorm van 'voorwaardelijk vasten', hij bedoelde het als een feit. Hij zou geen voorwaarden meer stellen. Hij zou heel

Het resultaat van Gandhi's vasten

eenvoudig sterven door een laatste totale vasten. Een India waarin de verschillende religies en bevolkingsgroepen elkaar verscheurden was niet het India waarin Gandhi wilde leven.
Gelukkig hoefde Gandhi deze woorden niet in daden om te zetten want hoewel er in andere provincies (zoals de Punjab) en steden (zoals Delhi) nog steeds hevige rellen waren, greep in Calcutta niemand terug naar de wapens en hielden alle inwoners zich aan hun belofte.

Wat sommigen als een mirakel beschouwen, wordt door anderen vaak ontdaan van zijn wonderbaarlijkheid. Velen schrijven het uitblijven van verder geweld in Calcutta immers toe aan de autoriteit van Gandhi en niet zozeer aan zijn vasten zelf.
Aan de rationele kant luidt het argument dat men enkel gevolg gaf aan wat hij vroeg omdat hij nu eenmaal de Mahatma was. Het volk zou dan hebben geluisterd omdat het dat nu eenmaal altijd al had gedaan. De mensen luisterden naar hun Bapu[*], hun 'Vader', net zoals een kind zijn eigen vader gehoorzaamt als het begrijpt dat het 'stout' is geweest.
Aan de emotionele kant luidt het dat men gehoorzaamde uit angst. Men had schrik om de dood van Gandhi op zijn geweten te hebben. De mensen luisterden dus naar hun Bapu omdat ze anders zouden beschuldigd worden van vadermoord.
In het licht van de feiten zijn deze posities echter niet houdbaar. De vrede die de vastenactie van 1947 tot

---

[*] Bapu is Hindi voor 'papa' of 'vader'. Gandhi kreeg deze bijnaam doordat men hem stilaan als de vader van de natie begon te zien. Ook nu nog wordt vaak naar hem verwezen met deze term van genegenheid.

gevolg had, kan men niet louter toeschrijven aan het idee dat de massa's mensen in en rond Calcutta zichzelf onder controle hielden enkel en alleen omdat ze de dood van Gandhi niet op hun geweten wilden hebben of omdat Gandhi's gezag zo'n enorme draagkracht had. Drie argumenten zouden moeten volstaan om aan te tonen dat deze beweringen ongegrond en onredelijk zijn.

In de eerste plaats is het zo dat de massa's Indiërs in de grootsteden – net zoals vandaag in heel veel andere overbevolkte grootsteden eveneens het geval is – heel makkelijk ontvlambaar waren. En eenmaal ontvlamd, waren ze wel *heel* moeilijk onder controle te houden. Dit werd meerdere malen bewezen gedurende Gandhi's leven. Ondanks Gandhi's goede bedoelingen, veiligheidsmaatregelen en 'volkseducatie' en zelfs ondanks de goeie wil van honderdduizenden Indiërs, waren er, zo is heel goed geweten, genoeg momenten waarop de bevolking toch in gewelddadigheden uitbarstte. Het voorval van Chauri Chaura is er maar één van.[*] Gandhi's autoriteit was dus zeker niet altijd voldoende om de agressie van het volk in bedwang te houden.

Meer nog, ten tijde van de moorden van Chauri Chaura

---

[*] Op 4 februari 1922 werden 22 politieagenten levend verbrand door een alles verwoestende menigte. Het was een represaille voor het feit dat de politie schoten had gelost op een processie van satyagrahis in Chauri Chaura nabij Gorakhpur. Gandhi was zo geschokt door het geweld van Chauri Chaura dat hij onmiddellijk de campagne van burgerlijke ongehoorzaamheid van 1922 afbrak, hoewel de beweging toen op zijn piek was. Chauri Chaura was voor hem een toonbeeld van het feit dat het volk nog niet klaar was voor de start van een geweldloze strijd voor onafhankelijkheid.

was Gandhi de voortrekker van de toenmalige satyagraha-campagne, maar tijdens de laatste conflicten in Calcutta en Delhi was hij van geen enkele groepering de leider. Zijn enige autoriteit bestond in het feit dat hij in zekere zin 'India's oude morele vader' was.

Daarbij komt dat de splitsing tussen India en Pakistan – die hij zelf helemaal niet wilde – een onherroepelijk feit was geworden. Satyagraha-campagnes kon hij altijd stopzetten indien hij dat nodig achtte, maar de splitsing van beide landen was onomkeerbaar. Hij kon dus ook allerminst de oorzaak van de onrust wegnemen. Daartoe had hij niet de politieke macht.

Net doordat de splitsing zo onherroepelijk was, ontstond er ook steeds meer geweld. De relschoppers werden immers niet enkel aangestoken door politieke figuren en handelden niet zozeer vanuit voorbedachte politieke plannen maar grotendeels vanuit persoonlijke frustraties, angst en woede – reacties op het onrecht dat hen (aan beide kanten) werd aangedaan. Tegen dergelijke drijfveren was Gandhi's autoriteit niet opgewassen.

Een tweede argument is dat het van weinig inzicht in de menselijke psychologie getuigt als men denkt dat het gezond verstand en de gedachte 'dat het verkeerd zou zijn de Mahatma te laten sterven' zo'n grote groep mensen onder controle kan houden. Dat lijkt onwaarschijnlijk, zeker omdat het gaat over een lange periode van meerdere maanden.

Het gezond verstand is nu net één van de eerste dingen die achteraan in het hoofd verdwijnen als de nood om het eigen leven te verdedigen of het welzijn van de eigen groep te verzekeren zich aandient. Het gezond verstand verliest men daarenboven nog sneller wanneer leden van diezelfde groepen elkaar elders in het land vermoorden. In het hele land was de spanning te snijden en dat moet nog het meest voelbaar geweest zijn in een grootstad zoals Calcutta.

De angst voor een slecht geweten lijkt in die zin ook geen sterk argument. Genoeg (burger)oorlogen hebben aangetoond dat woede en haat in het heetst van de strijd veel sterker zijn dan het geweten of gezond verstand.

Het laatste argument sluit daarbij aan. Niet alleen konden de gevoelens van haat en woede die sommige hindoes koesterden ten opzichte van moslims (en omgekeerd) waarschijnlijk heel gemakkelijk hun liefde en respect voor de Mahatma overwinnen, maar men mag ook niet vergeten dat Gandhi veel tegenstanders had. En dat was in Calcutta niet anders.

Dat op zijn minst enkele Indiërs inderdaad in staat zouden zijn geweest om Gandhi te laten sterven werd uiteraard heel duidelijk bewezen door het feit dat hij enkele maanden later door een Indiër werd neergeschoten. Meer nog, reeds de nacht voordat hij begon te vasten in Calcutta werd Gandhi bijna neergeknuppeld door een hindoe, die was binnengedrongen in het huis van de moslimvriend waar Gandhi op dat moment verbleef.

Pas na dit voorval, waarbij hij ternauwernood aan de dood ontsnapte, besloot hij dat enkel woorden en zijn aanwezigheid niet genoeg waren. Hij voelde dat hij een sterker punt zou moeten maken. Een onverbiddelijke vasten die enkel zou stoppen wanneer het geweld bedaarde, was het enige wat hem sterk genoeg leek om dat te doen. Want daarmee zou hij aantonen dat hij bereid was samen met zijn land te sterven wanneer het aan geweld ten onder zou gaan.

Het resultaat van Gandhi's vasten

Het mag dus duidelijk zijn dat de resultaten van zijn vasten niet louter toe te schrijven waren aan gezond verstand, persoonlijke autoriteit of begrijpelijke psychologische drijfveren. De kracht van Gandhi's vasten bleek veel groter dan men kon vermoeden. In het Calcutta van 1947 moet er zich iets in de harten van de mensen geworteld hebben dat hen in staat stelde een nieuwe ontploffing van geweld werkelijk te weerstaan. Er moet sprake geweest zijn van een echte ommekeer in hun geesten en harten.
Gandhi slaagde er met zijn vasten dus niet alleen in om de mensen aan de door hem gestelde voorwaarden te laten voldoen maar ook om hen tot een oprechte geweldloosheid te brengen en hen in staat te stellen om werkelijk in vrede met elkaar te leven.

Enkele maanden later zou Gandhi opnieuw vasten, maar dan in Delhi. Historische feiten verplichten ons echter toe te geven dat de gevolgen van deze vastenactie ietwat twijfelachtiger waren dan de resultaten in Calcutta. Hoewel zijn directe voorwaarden volledig werden volbracht[*] en de leiders van de onruststokende bendes geloften aflegden, verdween het geweld niet totaal en bracht het vasten zeker niet de blijvende vrede tussen beide gemeenschappen, zoals Gandhi zelf had gehoopt.
Door zijn vasten waren de rellen in Delhi uitgedoofd en hadden de vluchtelingen gevolg gegeven aan zijn wens

---

[*] Het congres moest 550 miljoen roepies betalen aan Pakistan, moskeeën die werden ingenomen door hindoevluchtelingen moesten worden ontruimd, en er moest een verklaring worden getekend door alle hindoe- en sikhorganisaties dat zij hun geweld jegens moslims zouden staken.

om de moskeeën te ontruimen. "Maar daarmee was de oorzaak van hun onvrede niet weggenomen. Er kwamen ook steeds nieuwe vluchtelingen toe, terwijl uit Pakistan, waar de Mahatma geen invloed uitoefende, steeds nieuwe berichten over wreedheden de hoofdstad bereikten. De laatste overwinning van Gandhi's geweldloosheid en 'bekering des harten' brokkelde af. Tegen eind januari was de spanning opnieuw te snijden en was alles klaar voor een nieuwe explosie."[20]

Pas toen Gandhi zijn leven werkelijk gaf – niet door te vasten maar doordat een radicale hindoe hem neerschoot – kwam er een einde aan het communautaire geweld. "De schokgolf door India, die werd veroorzaakt door Gandhi's dood, deed de anti-islamitische agitatie prompt stilvallen en luidde een periode van communautaire vrede in die tot 1964 zou duren."[21]

Vaak stopt de literatuur over Gandhi op dit punt. Maar enkele nuances zijn noodzakelijk. Vooreerst was het zo dat de moord op de Mahatma een golf van geweld veroorzaakte tegen Hindu Mahasabha, de politieke partij waartoe Gandhi's moordenaar, Nathuram Godse, behoorde. Nochtans toonde later onderzoek aan dat het complot om Gandhi te vermoorden door Godse en zijn handlangers zelf was uitgedacht en uitgevoerd en dat Hindu Mahasabha op zich niets met de moord op Gandhi te maken had.*

---

* Gandhi's eisen tijdens zijn laatste vasten en nog meer het feit dat ze ook daadwerkelijk werden ingewilligd door het congres, kunnen beschouwd worden als 'de laatste druppel' voor Gandhi's moordenaar Nathuram Godse. Het deed Godse immers besluiten dat hij niet meer kon toelaten dat Gandhi nog

Het resultaat van Gandhi's vasten

Erger nog, verschillende mensen werden zelfs aangerand en sommigen gedood, enkel en alleen omdat zij tot dezelfde subkaste behoorden als Godse.

Ook wanneer we alles in een breder tijdskader plaatsen, kunnen we niet onder enkele pijnlijke feiten uit. India en Pakistan hebben altijd een zeer gespannen relatie gehad (niet in het minst in grensgebieden zoals Kashmir). Beide landen bezitten kernwapens en in India zelf is in latere jaren het communautaire geweld verschillende keren opnieuw losgebarsten. Dat alles kunnen we maar bezwaarlijk beschouwen als aspecten van een samenleving die zich baseert op geweldloosheid.

Tot op vandaag de dag blijven er dan ook veel problemen bestaan tussen de religieuze gemeenschappen. Toen ik in februari 2005 door India trok om er 'op zoek te gaan naar Gandhi', kwam ik meer te weten over het communautaire geweld in Gujarat, waar drie jaar eerder een treinwagon van de Sabarmat Expressi door een bomaanslag werd opgeblazen. De aanslag zou het werk geweest zijn van militante en radicale moslims. Hoewel er in feite te weinig bewijzen waren om dit te bevestigen, ontstak de hindoegemeenschap in een waanzinnige vergelding.

In het westen is maar weinig geweten over deze slachtpartij. De onmenselijke gruwelijkheden die zich tijdens dit conflict voordeden zijn bijna niet gekend: de buiken van zwangere vrouwen werden met zwaarden opengereten en hun foetussen eruit gesneden, ouders werden afgeslacht voor de ogen van hun kinderen en huizen vol mensen werden in brand gestoken omdat de

---

langer in leven bleef.

bewoners ervan tot een andere religie behoorden.
Luisterend naar de verhalen over dergelijke gebeurtenissen kreeg ik het alsmaar moeilijker nog te geloven dat er vandaag ook maar het kleinste beetje van Gandhi's boodschap overblijft. Zijn lichaam werd weliswaar verbrand in Delhi, maar, zo vroeg ik me af, werd zijn ziel dan uiteindelijk toch verwoest waar hij geboren werd? Precies daar in Gujarat, de staat waar ik net was heengegaan om er het huis te bezoeken waar Gandhi als kleine jongen had geleefd en om er de school te zien waar een leerkracht hem ooit verkeerdelijk van leugens had beschuldigd. Gandhi loog niet tegen zijn leraar, maar India, zo kon ik me niet weerhouden te denken, loog vaak tegen hem.

Wat was dan het resultaat van het leven en het vasten van Gandhi? Misschien kon hij het vuur van geweld wel heel even doven, maar het laaide weer op. Het brandt en verwoest nog steeds. Het wordt soms moeilijk om te zien hoe het nog verder kan en men gaat soms twijfelen of alle pogingen om vrede te brengen eigenlijk wel nuttig waren.
Maar twijfel kan het evidente soms verblinden. Daar herinnerden de woorden van Gandhikenner S. Pandian me ooit aan toen hij schreef: "Vandaag bestaat het leven te midden van de dood. Kan je zeggen dat er geen leven is, enkel omdat de dood bestaat?"[22]
Ook Gandhi, die heel wat momenten van duisternis heeft gekend en soms niet meer zag hoe het verder moest, wilde aan een dergelijke vertwijfeling uiteindelijk nooit toegeven. "Ik denk geen moment dat het allemaal voor niets was." schreef hij naar het einde van zijn leven toe. "Misschien zien we het effect vandaag nog niet,

maar onze geweldloosheid is dan ook een gemengd iets. Het mankt. Niettemin is het er wel en werkt het, zoals gist, op een stille en onzichtbare wijze. Hoewel het door de meesten niet begrepen wordt, is het toch de enige manier."[23]

Dat is hoegenaamd geen uitvlucht. We vergeten het alleen telkens opnieuw wanneer we ons blind staren op de harde feiten van de geschiedenis en zo de spirituele onderstroom uit het oog verliezen.

Dat doen we nochtans niet wanneer we het over heel wat andere spirituele figuren hebben. De invloed van profeten en wijzen zoals Jezus, Boeddha, Mohammed, Mozes, enz. bekijken we helemaal niet vanuit de concrete gevolgen. We analyseren hun bestaan helemaal niet op een doorgedreven rationele manier. Wat uit hun leven en leer voortkomt, beschouwen we immers vanuit een theologisch of spiritueel oogpunt en veel minder vanuit een feitelijk of historisch.

Gandhi's leven en daden moeten we op dezelfde manier bekijken – d.w.z. vanuit de spirituele impact die ze hadden.

Daarvoor moeten we zijn vasten natuurlijk wel analyseren vanuit het spirituele kader dat zijn daden ondersteunt en mogen zijn acties niet worden gereduceerd tot een politieke tactiek om concrete doelen te bereiken.

Hoewel het dus in eerste instantie logisch is om de gevolgen van Gandhi's vasten in te schatten aan de hand van de directe doelstellingen, moeten we steeds ook de hogere spirituele doelstellingen voor ogen houden. Als de vraag gesteld wordt of we een invloed van Gandhi kunnen zien in de hogere spirituele doelstellingen van zijn vasten, dan is het antwoord –

hoewel dit sommigen misschien zal verbazen – eveneens een heel duidelijk "ja".
Meer nog, we kunnen die invloed zelfs het beste zien als we de spirituele doeleinden van zijn vasten (bijvoorbeeld: blijvende eenheid tussen hindoes en moslims) op een nog hoger niveau bekijken (bijvoorbeeld: blijvende eenheid tussen alle mensen in de wereld). Gandhi's leven en boodschap gaf immers enorm veel kracht aan drie revoluties van de 20ste eeuw: de revolutie tegen racisme, de revolutie tegen kolonialisme en de revolutie tegen geweld.
Gandhi stond daardoor aan de basis van een verandering in het dominante morele denken. Anders gezegd: hij slaagde er uiteindelijk in om net datgene te doen wat hij zo vaak expliciet als wens verwoordde: de harten van de mensen veranderen.
Dat is zeker zo in India. "Gandhi's geest werkt er op zo'n manier dat geen enkele politieke partij in India de totale vrije markt, wat inhoudt dat elke man voor zichzelf moet opkomen en dat de zwakken maar moeten oprotten, kan propageren. Die negentiende-eeuwse filosofie zal er gewoon niet werken. Elke partij moet erkennen – of dat nu oprecht is of niet, is een andere zaak – maar elke partij moet erkennen dat ze begaan is met de armen en dat haar politiek beter zal zijn voor de armen dan voor andere groepen. Dat is Gandhi's erfenis."[24]
Gandhi's invloed bleef echter niet beperkt tot India. Ze ging de hele wereld rond.
Laten we niet vergeten dat een man zoals Winston Churchill in Gandhi's tijd zonder problemen te kennen gaf hoezeer hij het verafschuwde dat een 'halfnaakte fakir' op gelijke voet kon onderhandelen met Britse

Het resultaat van Gandhi's vasten

politici. Vandaag de dag zouden Churchills denigrerende uitspraken een enorme politieke rel veroorzaken, maar toen was het een evidentie dat de zogezegd primitieve en ongeciviliseerde oosterlingen of zuiderlingen zich niet op hetzelfde niveau konden plaatsen als de geciviliseerde westerlingen.
Het onderscheid tussen 'lageren' en 'hogeren' leek in die tijd vanzelfsprekend. Maar Gandhi plaatste zichzelf toch op hetzelfde niveau en hij nam al die zogenaamde 'lageren' met zich mee. Alle dalits in mondiale zin werden door zijn bestaan omhoog getild want dalits, d.w.z. mensen die onderdrukt worden, kunnen aan de zelfkant van elke samenleving gevonden worden. We treffen ze niet alleen aan in het hindoeïsme, maar sinds jaar en dag ook in onze eigen samenleving.

Het idee dat er geen 'hogeren' en 'lageren' zijn, de gedachte dat onderdrukking moet worden weerstaan en de wens om rechtvaardigheid en geweldloosheid als morele leitmotiven te nemen, is zeker niet specifiek 'Gandhiaans'. Gandhi maakte er ook nooit een geheim van dat zijn ideeën en principes in elke religie worden uitgedrukt en dat heel wat historische figuren hem daarin waren voorgegaan. Maar Gandhi's leven was op zijn minst een wereldwijde herinnering aan die ideeën en principes.
Gandhi schudde de wereld terug wakker en bracht haar terug in contact met diepere morele waarden die waren ondergesneeuwd.

De verschillende manieren waarop dit nieuwe 'morele denken' zich uitdrukt(e), kunnen we op heel wat plaatsen terugzien.

De eenvoud van Gandhi

Toen ik antropologie, filosofie en theologie studeerde, waren Gandhi's ideeën alvast schering en inslag. Het hedendaagse antropologische en theologische denken zit immers boordevol ideeën zoals 'we mogen onszelf niet als ideologisch beter beschouwen', 'we mogen geen culturele vooroordelen hebben', 'we moeten proberen een echte dialoog aan te gaan', 'we mogen onze ideeën niet aan anderen opdringen', 'we moeten ook het standpunt van de ander innemen zodat we zijn zicht op de wereld leren kennen', 'we moeten vertrekken vanuit de gemeenschappelijke gronden van ons menselijk bestaan', 'iedereen heeft zijn eigen visie op vele zaken', 'elke religie heeft dezelfde intrinsieke waarde', enz. Die ideeën zijn zonder problemen herkenbaar als principes die telkens opnieuw door Gandhi werden geformuleerd, lang voordat deze manier van denken de standaard werd die het nu overduidelijk is.

Het beperkt zich echter geenszins tot de intellectuele of academische milieus. Ook in de normale socioculturele sfeer was er sprake van een 'morele dekolonisatie'. Om dat te zien moeten we maar denken aan de hedendaagse afkeuring van racisme. Al is racisme verre van verdwenen uit de maatschappij, in het dominante morele discours is non-discriminatie wel degelijk de nieuwe norm en racisme de afwijking.

Uiteraard is dit alles niet alleen aan Gandhi toe te schrijven. Hij is zeker niet de enige oorzaak van deze kanteling in wereld- en mensbeelden.

Hij was in de eerste plaats iemand die, zoals wel vaker wordt gezegd over historische figuren, in staat was om dingen die al 'in de lucht hingen' te synthetiseren en in de praktijk om te zetten.

En zowel voor hem als na hem hadden een heel aantal

andere historische gebeurtenissen en figuren een geweldige invloed op het morele denken van onze hedendaagse maatschappij. Maar het valt in dit verband ook onmogelijk te ontkennen dat vele gerespecteerde en betekenisvolle persoonlijkheden expliciet erkennen dat zij sterk beïnvloed waren door de Mahatma. De twee meest gekende voorbeelden zijn natuurlijk Nelson Mandela in zijn strijd tegen apartheid en Martin Luther King in zijn geweldloze strijd voor de emancipatie van de Afro-Amerikanen.

Martin Luther King stak het niet onder stoelen of banken: "De intellectuele en morele bevrediging die ik niet kon krijgen van het utilitarisme van Bentham en Mill, de revolutionaire methode van Marx en Lenin, de sociale contracttheorie van Hobbes, het 'terug naar de natuur' optimisme van Rousseau, en de übermensch-filosofie van Nietzsche vond ik wel in de geweldloze filosofie van Gandhi."[25] Aldus door Gandhi geïnspireerd zou hij voor maatschappelijke omwentelingen zorgen die zo'n halve eeuw later tot een voorheen onmogelijk geacht punt zouden leiden: Barack Obama werd in 2009 de eerste Afro-Amerikaanse president.

Eén ding mag men echter nooit uit het oog verliezen: Gandhi's leven zou nooit zo'n inspirerende invloed hebben gehad wanneer het enkel bij mooie woorden was gebleven. Louter mooie woorden volstaan niet. De sterkte van Gandhi's leven berust dan ook op het feit dat hij steeds een levende uitdrukking en een concreet bewijs leverde van de haalbaarheid van zijn filosofie. Zo blijft het niet in het ijle hangen. En dat is wat mensen nodig hebben wanneer ze zich werkelijk met problemen

De eenvoud van Gandhi

en conflicten geconfronteerd weten: niet enkel een analytische theorie maar een spiritualiteit die men in de praktijk kan toepassen en die tot reële oplossingen kan leiden.

Het lijkt me dat net dit aspect ook Martin Luther King de inspiratie bracht die hij zocht.

De algemene beeldvorming rond zijn historisch voorbeeld, de verspreiding van zijn ideeën en zijn politieke verwezenlijkingen zijn natuurlijk van groot belang in de manier waarop Gandhi's leven kracht gaf aan de omwenteling van de wereldwijde morele denkwijzen. Maar de plaats van concrete daden mag niet worden onderschat. Gandhi zou nooit zo'n erfenis hebben achtergelaten als zijn woorden niet werden ondersteund door sterke daden – d.w.z. door 'bewijzen' van de waarde en de waarheid van zijn ideeën.

Het zijn dan ook Gandhi's daden die zijn ideeën werkelijk de wereld hebben ingestuurd. Of het nu gaat om zijn onophoudelijke werk voor de dalits, zijn dagelijks oecumenisch gebed, zijn spinnenwiel, het oprapen van wat zout in de zee of zijn vasten, zij maakten de mooie woorden reëel.

Eén enkele oprechte daad betekent voor veel mensen meestal heel wat meer dan duizend subtiele en doordachte woorden. Al schreef hij uitermate veel brieven en artikelen over geweldloosheid,* het waren zijn vastenacties die de mensen door elkaar schudden en hun harten raakten. Het vasten voegde immers letterlijk de 'daad' bij het 'woord'.

"Het werk van het verwijderen van onaanraakbaarheid is niet slechts een sociale of economische hervorming,

---

* De *Collected Works of Mahatma Gandhi* bestaat uit zo'n 98 delen van telkens om en bij de 450 bladzijden.

waarvan het bereik gemeten kan worden aan de hand van de hoeveelheid sociale hulp of economische ondersteuning gegeven over een bepaalde tijd." schrijft Gandhi in een artikel over vasten, "Het doel is de harten van miljoenen hindoes te raken en dat, zo moet men toegeven, is een taak die oneindig veel meer waard is dan louter sociale en economische hervorming. De verwezenlijking ervan omvat zonder twijfel sociale hulp en economische hervorming, maar ook nog veel meer want het betekent niets meer of minder dan een complete revolutie in het hindoedenken en het verdwijnen van de afschuwelijke en afgrijselijke doctrine van ingeboren ongelijkheid en van hoger-en-lager.

Zo'n verandering kan echter alleen veroorzaakt worden door het hoogste in de mens aan te spreken. En ik ben meer dan ooit overtuigd dat zo'n verzoek enkel resultaten zal opleveren door zelf-zuivering, d.w.z. door vasten dat beschouwd wordt als het diepste gebed en dat voortkomt uit een gescheurd hart. Ik geloof dat het onzichtbare effect van zulk een vasten veel groter is en veel uitgebreider dan het zichtbare effect."[26]

Dit bleek geen naïef geloof te zijn. De boodschap van zijn vasten brak immers uit de grenzen van het hindoeïsme en de golven ervan bereikten alle kusten van de wereld. Gandhi's poging om onaanraakbaarheid en ingeboren ongelijkheid uit te roeien, werd een mondiale ethische hervorming. En dat is inderdaad heel wat meer waard dan een louter sociale, politieke of economische hervorming.

De onzichtbare kracht van het vasten

Waarin schuilt de kracht van het vasten?
Hoe kon het vasten van een klein en mager mannetje ervoor zorgen dat het geweld van vechtende menigtes in de kiem werd gesmoord? Hoe kon zijn vasten ervoor zorgen dat het de harten van de mensen meer raakte dan woorden ooit zouden kunnen? Hoe komt het dat vasten zelfs mensen over de hele wereld wakker kon schudden?
Het antwoord op deze vragen moet men niet onmiddellijk gaan zoeken in Gandhi's grote 'heroïsche' vastenacties zoals die in Calcutta en Delhi. Deze vragen worden immers beantwoord door een heel kleine en schijnbaar onbelangrijke vasten die ik reeds eerder besprak: zijn vasten in 1913 die hij gebruikte om zijn berouw te tonen voor de misstappen van enkele kinderen uit zijn leefgemeenschap. Hij hoopte heel eenvoudig dat zijn vasten de kinderen tot inzicht zou brengen en, zoals ik reeds aangaf, was Gandhi ook heel tevreden over de resultaten van deze vasten. "De boetedoening (...) zuiverde de sfeer tussen allen." schreef hij. "Iedereen realiseerde zich wat voor een verschrikkelijk iets het was om zondig te zijn en de band die me aan de jongens en meisjes bond, werd nog groter."[27]
En in deze woorden schuilt het antwoord.
Al bij al is het niet zo moeilijk om Gandhi's beschrijving van deze vasten te geloven en te verstaan. Dat een dergelijke vasten het geweten van enkele kinderen kan

raken, hen kan doen nadenken over hun daden en hen tot oprechte verontschuldigingen kan brengen, lijkt zeker niet absurd. Dat de kinderen zich daarna nog sterker aan Gandhi hechtten, is al evenmin verwonderlijk.

Het gaat daarbij niet enkel om psychologische factoren of om een sociologisch mechanisme. Het gaat daarbij ook niet enkel om autoriteit. Het gaat om een beetje van dat alles en nog wat meer. Het gaat immers ook heel eenvoudig om liefde, vertrouwen en inzicht – en daardoor gaat het al bij al ook om één of andere niet echt duidelijk af te bakenen spirituele overdracht.

Al te grote woorden zijn hier niet op hun plaats. We hebben geen hoogdravende concepten nodig om het uit te leggen. Door de eenvoud en het eerder huiselijke karakter van dit voorval kunnen we het allemaal zonder problemen begrijpen. Het is een kleine en herkenbare situatie die we ons mentaal en spiritueel kunnen inbeelden, waarbij we niet al te veel verklaringen nodig hebben en die ons zonder meer laat aanvaarden dat Gandhi's vasten inderdaad 'hun harten raakte'.

Nochtans is dit exact hetzelfde fenomeen als wat er tijdens zijn grotere vastenacties gebeurde: het geweten van een hele groep mensen werd aangewakkerd, niet door (gewelddadig) te straffen, maar door een daad van zelfgave.

En daar knelt het schoentje.

In het geval van zijn grotere vastenacties hebben we het moeilijk om dat te aanvaarden. Jongens en meisjes van het klasje in zijn commune, dat begrijpen we wel, maar miljoenen Indiërs – laat staan de hele wereld – dat geloven we toch maar liever niet.

Daarin verschillen we natuurlijk van Gandhi. Hij staarde

zich helemaal niet blind op schaal en grootteorde. Hij was immers rotsvast overtuigd van een moeilijk te weerleggen spiritueel principe: wat waar is in de kleine aspecten van het leven moet ook waar zijn in het grote geheel der dingen – en omgekeerd.

Dat betekent dat volgens Gandhi de wet van ahimsa, d.w.z. het principe van liefde en geweldloosheid, op elk niveau van ons bestaan kan doorwerken. Als liefde kan doorwerken in het kleine, dan kan het ook doorwerken in het grote. Als geweldloosheid een goddelijke opdracht is voor de hele maatschappij, dan is het ook een opdracht voor elk individu.

De redenering is eenvoudig. Ahimsa is een aspect van het goddelijke bestaan. Als het dus waar is dat Gods aanwezigheid alles doordringt (en daarvan getuigen toch alle profeten en wijzen) dan wil dat zeggen dat ook ahimsa alles doordringt. Dat houdt op zijn beurt in dat alles bezwangerd is door Gods liefde. En dat betekent tot slot dat de goddelijke kern van liefde en geweldloosheid altijd, overal en in iedereen aangesproken kan worden.

Het maakt dan ook helemaal niet uit of men klein is of groot. Het maakt niet uit of de anderen met veel zijn of weinig. Iedereen wordt uiteindelijk toch door dezelfde spirituele realiteit geraakt.

Als vasten als daad van zelfgave een impact kon hebben op kleine kinderen, kan het ook een impact hebben op de hele maatschappij.

Spiritueel gesproken maakt het dus werkelijk niet uit of het nu gaat om wat jongens en meisjes in een ashram of om de hele wereld die een 'morele fout begaat'. Het is steeds mogelijk de diepere kern van liefde aan te boren en met een duidelijke geweldloze daad van zelfgave 'de

sfeer tussen allen te zuiveren' en 'de band tussen allen te versterken'.
Ook in het groot gaat het daarbij een beetje om psychologische factoren en een beetje om sociologische mechanismen. Ook in het groot gaat het natuurlijk een beetje over charisma en autoriteit. Maar ook in het groot gaat het over meer. Ook in het groot gaat het om liefde, vertrouwen en inzicht; om die niet echt duidelijk af te bakenen spirituele overdracht.

Zowel in het kleine als in het grote schuilt onder alles een onzichtbare spirituele kracht. Het vasten boort die kracht aan. Het is een kracht die iedereen kan beleven want ze doordringt ook elk individu. En wie telkens opnieuw de kracht van het vasten beleeft, wordt zich alsmaar bewuster van de reikwijdte die deze in zich draagt.
Wat bij Gandhi begon als een manier om het eigen lichaam te zuiveren werd een poging om het eigen hart te zuiveren. En wat begon als een manier om het eigen hart te zuiveren werd een mogelijkheid om het hart van anderen te raken.
Het vasten kan steeds een stapje verdergaan.
Maar vasten kan dit natuurlijk niet vanuit zichzelf. De kracht van het vasten schuilt immers in datgene wat het vasten is: een middel om al het overtollige weg te halen en enkel de bron, enkel de kracht zelf over te houden.
Gandhi was er dan ook van overtuigd dat een pure vasten een enorm effect kon hebben. Een vasten, d.w.z. een daad van zuivering die er werkelijk in slaagt al het overbodige weg te halen en de spirituele bron van het bestaan in al zijn eenvoud te laten bestaan, kon volgens Gandhi nog veel verdergaan dan wat hij zelf met zijn

vasten had bewerkstelligd.
"Zo één perfecte daad zou volstaan voor de hele wereld." meende hij. Hij zag daarvan een bewijs in de geschiedenis: Jezus' kruisdood. "Een man die zich volledig onschuldig opofferde als slachtoffer voor het goed van anderen, zelfs voor zijn vijanden en zo het losgeld werd van de wereld. Dat was een perfecte daad."[28] zo schreef hij ooit.
Het hoeft dan ook niet te verwonderen dat het leven van Jezus ons een dieper spiritueel inzicht kan bieden in de onzichtbare spirituele kracht die van het vasten uitgaat. Meer dan wat ook kunnen de woorden en het voorbeeld van Jezus ons leren hoe we zuivering centraal kunnen plaatsen in ons spirituele leven en hoe vasten een enorme leidraad kan zijn in onze zoektocht naar God.

De eenvoud van Jezus

Jezus toonde waarschijnlijk
het meest uitmuntende actieve verzet
in de hele geschiedenis.
Het was geweldloosheid par excellence.

Gandhi

Jezus' visie op vasten

Velen denken dat vasten vandaag de dag veel aan belang heeft verloren en dat het niet meer wordt gedaan zoals vroeger. Dat is ook zo. Vroeger was het wel degelijk een heel normale en veel uitgevoerde praktijk.
Vasten was reeds ver voor Jezus' tijd een religieus ritueel dat vaak voor kwam in het jodendom. Vasten kon een persoonlijk teken van rouw zijn, het kon ook een jaarlijks publiek gebeuren zijn, het kon gedaan worden om zich voor te bereiden op rituele voorspellingen of het kon een manier zijn om visioenen te ontvangen.[29]
In de intertestamentaire periode kende het joodse ascetisme daarenboven een sterke aangroei, zowel bij sektarische groepen als bij de religieuze beleving van de bredere bevolking. Rond het begin van de tijdrekening was er dan ook een wijdverspreide goedkeuring van vrijwillig vasten als teken van religieuze devotie. Er was zo'n duidelijke opkomst van individuele en gemeenschappelijke ascese dat de uitdrukking 'vasten als een jood' zelfs een spreekwoord werd in het Romeinse Rijk van die tijd.[30]
Dat ook de eerste christenen vastten, zal dus niet verbazen. Vasten was voor de vroege christenen net zoals voor hun joodse omgeving een heel evidente praktijk. Hun vasten was daarenboven nauw verbonden met andere religieuze gewoontes zoals gebed en het

geven van aalmoezen.*

Hoewel het een gebruikelijke praktijk was, werd het vasten door de eerste christenen echter niet geïnstitutionaliseerd en werden er nooit strikte regels voor opgesteld. De meer gekende vastenperiodes zoals de jaarlijkse vasten op goede vrijdag en de vasten van degenen die zich voorbereidden op het doopsel, dateren pas van de tweede eeuw en later.† In de periode van het Nieuwe Testament wees de beginnende Kerk het vrome joodse gebruik van vasten zeker niet af maar had haar eigen gebruiken nog niet geformaliseerd en beschouwde het als een zaak van het individuele geweten.

Dat is ook wat we kunnen verwachten wanneer we Jezus' uitspraken in overweging nemen. Hoewel Hij er zeker over sprak, bepaalde Hij nooit strikte regels voor het vasten. Hij schafte het niet af maar Hij verplichtte het evenmin.

In dat opzicht trekt één bepaalde passage uit de synoptici heel snel de aandacht: Mc. 2:18-22 en de

---

* Voorbeelden daarvan zien we in Lc. 2:27, Hand. 13:2-3, 14:23, Tim. 5:5. Ook in 1 Cor 7:5 treffen we het aan, al is het daar een latere toevoeging. De originele tekst van 1 Cor 7:5 spreekt enkel over bidden en het geven van aalmoezen maar daardoor wordt het net opvallend hoe vlug de traditie bidden en aalmoezen met vasten werd aangevuld. Het toont dat het in die tijd heel gebruikelijk was om vasten te beschouwen als een inherent onderdeel van de vele religieuze praktijken.

† Kandidaat-christenen werden gewoonlijk op Pasen gedoopt en kenden een gedeeltelijke onthouding in de weken voor hun doop. Doordat later niet enkel diegenen die op het punt stonden gedoopt te worden, maar ook de andere leden in de gemeenschap zich deze onthouding oplegden, werd dit de gekende christelijke vastenperiode.

varianten Mt. 9:14-17 en Lc. 5:33-39:

> De leerlingen van Johannes en de Farizeeën hadden de gewoonte regelmatig te vasten. Er kwamen mensen naar Jezus toe, die hem vroegen: 'Waarom vasten de leerlingen van Johannes en de leerlingen van de Farizeeën wel, maar uw leerlingen niet?' Jezus antwoordde: 'Bruiloftsgasten kunnen toch niet vasten zolang de bruidegom bij hen is? Nee, zolang ze de bruidegom bij zich hebben, kunnen ze niet vasten. Maar er komt een dag dat de bruidegom bij hen wordt weggehaald, en dan is het hun tijd om te vasten. Niemand verstelt een oude mantel met een lap die nog niet gekrompen is, want dan trekt de nieuwe lap de oude stof kapot en wordt de scheur nog groter. Niemand giet jonge wijn in oude leren zakken, want dan scheuren ze open en gaat de wijn verloren, net als de zakken zelf. Jonge wijn hoort in nieuwe zakken.'[31]

Wanneer men deze passage oppervlakkig leest kan men op het eerste zicht de indruk krijgen dat de leerlingen van Jezus helemaal niet vastten en dat Jezus hen dat ook opdroeg.
Niets is minder waar.
Eerst en vooral moet erop gewezen worden dat de ongewone verwoording 'leerlingen van de Farizeeën' een latere toevoeging is. Dat betekent dat de leerlingen van Jezus in deze evangeliepassages oorspronkelijk enkel met de leerlingen van Johannes werden vergeleken. We moeten de dialoog dan ook vooral lezen als een contrast tussen de levensstijl van Jezus en de

zeer ascetische neigingen van de Doper. De kritiek op Jezus' leerlingen aan het begin van de passage betekent dus niet dat ze helemaal niet vastten, maar wel dat zij *niet genoeg* vastten.

Mochten zij helemaal niet hebben gevast, dan zou men in de joodse cultuur en gewoontes van die tijd met recht en reden grote vraagtekens hebben geplaatst bij de levenswijze van Jezus en zijn leerlingen. Het gaat hier echter om een contrast met de heel strenge levenswijze van andere groeperingen zoals die van Johannes, waarin vasten een uitzonderlijk prominente plaats had. Maar zelfs wanneer we die bedenking in het midden laten, is het duidelijk dat Jezus' antwoord geen aanval is op het vasten zelf. Hij vraagt enkel naar de *reden* waarom mensen vasten. Jezus legt immers geen categorisch verbod op maar geeft er een soort 'messiaanse' draai aan. Hij verbindt het niet-vasten van zijn leerlingen immers met zijn eigen autoriteit als 'bruidegom'. *Hij* wil niet dat ze op dat moment vasten maar wel wanneer *Hij* er niet meer is.

Door dit argument van spirituele autoriteit distantieert Jezus het vasten heel duidelijk van de groep die hem met de vraag confronteerde, want het vasten van Johannes' leerlingen was gericht op de komende eindtijd. Zij verwachtten de afbraak van hun wereld en bereidden zich daarop voor door te vasten. Voor Jezus is dat niet de correcte reden.

Dat sluit natuurlijk naadloos aan bij de analogie met de wijnzakken. Jezus gebruikt die vergelijking om het verschil tussen zijn eigen levenswijze en die van Johannes duidelijk te maken. Voor Jezus waren beide levensstijlen immers afhankelijk van hun specifieke context en doelstelling. Johannes' ascese was een poging om, met het oog op de eindtijd, uitwassen in het jodendom te verhelpen. Door boete en vasten (door het 'krimpen van de lap') wilden Johannes' leerlingen de oude orde herstellen. Maar zulke tijdelijke maatregelen konden in Jezus' ogen op zijn best verdere schade aan een oud stuk kleed voorkomen. Ze konden niet vergeleken worden met de werkelijke vernieuwing van Zijn blijde boodschap. Jezus' leer is als nieuwe wijn die opnieuw vrijheid schenkt en om nieuwe structuren vraagt, waaronder het wegnemen van de rigoureuze plicht tot vasten.

Jezus heeft het dan ook niet enkel over de verkeerde redenen (eindverwachting) of de verkeerde autoriteit (het eigen ik) van waaruit men vast. Hij maakt immers een heel eenvoudig onderscheid tussen gepast en ongepast vasten. 'Alles op zijn tijd' lijkt de boodschap wel. Het messiaanse thema wordt dus gebruikt om zowel aan te geven *waarom* zijn leerlingen moeten vasten als *wanneer* ze dat moeten doen.

Ook de beeldspraak van de bruidegom maakt dit duidelijk. Dat is een referentie naar een uitspraak van de profeet Joël:

> Verzamel het volk, beleg een heilige bijeenkomst, breng de oudsten samen en verzamel ook de kinderen en zuigelingen; laat de bruidegom zijn kamer verlaten.[32]

Jezus impliceert hier dat hij zijn verkondiging in Galilea zal beëindigen en dat hij verder zal trekken naar Judea, hoewel Hij wist dat Hem daar heel wat problemen zouden opwachtten. Hij wist dus dat Hij van een vreugdevolle omgeving nieuwe horizonten tegemoet trok en Hij besefte dat dit voor Hem en zijn leerlingen een harde tijd zou worden omdat ze vervolgd zouden worden en omdat ze beroofd zouden worden van heel hun hebben en houden.

Uiteraard kan men nog heel andere inzichten uit deze bijbelpassages halen, maar het kan op dit punt volstaan om twee basisvragen van het vasten heel duidelijk te beantwoorden: Waarom moet je vasten? Omdat een spirituele autoriteit (Christus) je vraagt je gemakkelijk leventje achter te laten. En wanneer moet je vasten? Wanneer die spirituele autoriteit niet meer bij ons is.

Er is echter geen grotere spirituele autoriteit dan God zelf. Deze antwoorden kunnen dan ook heel eenvoudig herformuleerd worden – zeker binnen een christelijk trinitair kader: Waarom moeten we vasten? Omdat God ons daartoe aanzet. Wanneer moeten we vasten? Als God afwezig is.

Het lijkt op het eerste zich paradoxaal maar als we beide antwoorden samenvoegen, komen we tot een glashelder basisprincipe van het vasten: *we moeten vasten wanneer Gods afwezigheid ons daartoe aanzet*. Het is immers net vanuit Zijn afwezigheid dat God ons oproept om te vasten en terug plaats te maken voor Hem.

De spirituele diepte van dit principe mag duidelijk zijn: het betekent dat we horen te vasten wanneer God niet langer onder ons leeft, dat wil zeggen, wanneer Hij niet meer in ons hart te vinden is of niet meer het centrum van ons wezen vormt. We moeten met andere woorden vasten omdat we in ons overvolle leven soms niet genoeg plaats bieden aan God en Zijn Geest ons terugroept naar Hem.

Jezus' richtlijnen voor het vasten

"Wanneer jullie vasten, zet dan niet zo'n somber gezicht als de huichelaars, want zij doen dat om iedereen te laten zien dat ze aan het vasten zijn. Ik verzeker jullie: zij hebben hun loon al ontvangen. Maar als jullie vasten, was dan je gezicht en wrijf je hoofd in met olie, zodat niemand ziet dat je aan het vasten bent, alleen je Vader, die in het verborgene is. En jullie Vader, die in het verborgene ziet, zal je ervoor belonen."[33]

Zonder enige ambiguïteit veroordeelde Jezus het hypocriete vasten net zoals Hij ook, in wat aan deze tekst vooraf gaat, het onoprechte geven van aalmoezen afkeurde en het bidden uit publiek vertoon afwees.
Daarenboven gaf hij heel concrete raad omtrent de manier waarop men een dergelijke hypocrisie uit de weg kan gaan: door te vasten in het verborgene, door er goed uit te zien en door blijheid tonen.
De tekst spreekt dus voor zichzelf. Jezus keert zich tegen het vasten dat wordt gedaan om goed over te komen bij anderen. Hij maakt komaf met een vasten die afhangt van wat anderen denken. Maar tegelijkertijd geeft Hij ook een grote religieuze betekenis aan het vasten als het een innerlijke daad is die zich volledig op God richt.
Een mooie parallel wordt zo zichtbaar tussen deze passage en degene die eerder werd besproken. In dit deel van de Bergrede richt Jezus zich tot diegenen die

vanuit de verkeerde intenties vasten: "Wees niet hypocriet, maar zorg ervoor dat er een innerlijke focus is op God. Vast niet omdat anderen je vasten zouden zien, maar vast omdat God jou ziet. Vast dus niet om te vasten, maar vast omwille van jouw relatie met God."
En toen hij zich tot Johannes' leerlingen richtte, zei hij: "Het was goed om het op dat moment te doen, maar overdrijf niet. Als het tijd is om vreugdevol te zijn, wees dat dan. Vasten heeft zijn tijd en plaats. Wees dus niet ascetisch omwille van de ascese maar vast omdat God niet genoeg aanwezig is in je leven."
Op het eerste zicht lijken de boodschappen van beide fragmenten bijna totaal tegengesteld – in één passage zet Hij aan tot vasten, in een ander legitimeert Hij het niet-vasten – maar uiteindelijk leiden ze tot eenzelfde conclusie: *het vasten moet op God gericht zijn.*
Deze conclusie brengt ons echter onmiddellijk bij een volgende vraag. Het brengt ons zelfs bij één van de meest essentiële religieuze en spirituele vragen in een religie. Eigenaardig genoeg wordt deze vraag nochtans zelden *echt* gesteld – of toch niet rechtuit. Maar op dit punt is er geen ontkomen aan en moet de vraag in alle eenvoud worden gesteld: hoe *kan* men eigenlijk een daad op God richten? Hoe *doet* men dat, zich op God richten?

Een vasten op God richten

Liefde

De vraag hoe men zichzelf op God kan richten wordt misschien niet genoeg gesteld omdat het antwoord binnenin een bepaalde religie vaak heel vanzelfsprekend lijkt. Zo is het bijvoorbeeld in het christendom algemeen aanvaard dat een mens vooral door liefde zijn hele wezen kan richten op zowel zijn naaste als op God. Dat is niet onlogisch natuurlijk. Christus zelf maakte het tot de kernimperatief van het christendom. "Het eerste en grootste gebod" zei Jezus "is dit: 'Heb de Heer, uw God, lief met heel uw hart en met heel uw ziel en met heel uw kracht en met heel uw verstand, en uw naaste als uzelf.'"[34]
Het lijkt dus inderdaad evident dat liefde de focus op God richt. Nochtans stelt het probleem zich eigenlijk gewoon opnieuw. En bewust of onbewust worstelen heel wat mensen met dit probleem: hoewel het hier gaat om een gebod, is het tegelijkertijd ook onmogelijk om het gebod te 'forceren'. Je kan immers niet iemand *doen* liefhebben. Meer nog, het is ook onmogelijk om jezelf iets of iemand te *doen* liefhebben.
Liefhebben 'overkomt' je veeleer. Het is een soort spontaan gevoel dat je al dan niet inneemt.
Echte liefde lijkt dus weinig met vrije wil te maken te hebben. Dat maakt het natuurlijk moeilijk om liefde als een oplossing te zien voor iets dat men op een bewuste manier wil aanpakken.

De eenvoud van Jezus

De vraag 'Hoe richt men zich op God?' beantwoorden met 'door lief te hebben' is dus enigszins naast de vraag antwoorden. Evengoed kan men de vraag stellen: hoe zorgt men er voor dat men God kan liefhebben? Hoe 'focussen' of 'concentreren' we onze liefde? En daaruit volgend: hoe is het mogelijk om die liefde te *doen* groeien?

Het is natuurlijk een probleem van alle tijden en alle vormen van religieus leven: de beschrijving van '*wat* we moeten doen', is vrij gemakkelijk te achterhalen, maar de handleiding over '*hoe* we dat moeten doen', lijkt soms een beetje verloren geraakt.

Maar al zijn de gestelde vragen moeilijk en al worden ze niet vaak rechtstreeks beantwoord, toch kunnen genoeg aanzetten en antwoorden gevonden worden – niet zozeer in Jezus' woorden, maar wel in Zijn voorbeeld.

Vertrouwen

Jezus bracht veertig dagen al vastend door in de woestijn.

De drie eerste evangeliën vertellen hoe Jezus bij het begin van zijn publieke leven een ascetische periode in afzondering doorbracht. Het belang van deze vastenperiode[*] moet dus niet worden onderschat.

---

[*] Vasten wordt in deze passage in feite niet expliciet vermeld. De paralleltekst van Lucas stelt wel dat Hij 'al die tijd niets at' (Lc. 4:2) maar het oudere evangelie van Marcus vertelt enkel dat 'Hij zich gedurende 40 dagen in de wildernis bevond'. Men kan wel veronderstellen dat Jezus heel weinig at en dit als zodanig als een vastenperiode beschouwen, maar er is geen reden om aan

Een vasten op God richten

Zowel Marcus, Lucas als Mattheus vertellen hoe Jezus zich in de woestijn terugtrok om er te vasten, hoe Hij er tot bezinning kwam en de verleidingen van de duivel weerstond.

> Vervuld van de heilige Geest trok Jezus weg van de Jordaan, en geleid door de Geest zwierf hij veertig dagen rond in de woestijn, waar hij door de duivel op de proef werd gesteld. Al die tijd at hij niets, en toen de veertig dagen verstreken waren, had hij grote honger. De duivel zei tegen hem: 'Als u de Zoon van God bent, beveel die steen dan in een brood te veranderen.' Maar Jezus antwoordde: 'Er staat geschreven: "De mens leeft niet van brood alleen."' Toen bracht de duivel hem naar een hooggelegen plaats en liet hem in

---

te nemen dat hij om één of andere ceremoniële reden vastte of extreem strikte regels aannam naar voeding toe. Enkele bijbelexperten denken dan ook dat het woord geen onderdeel vormde van de oorspronkelijke traditie. Echte zekerheid dat Jezus, zoals meestal wordt verondersteld, al die tijd niet at, is er dus niet. Meer nog, het zou helemaal niet verrassend zijn dat hedendaagse exegese kan aantonen dat het niet echt om veertig dagen ging en dat hij deze onbepaalde tijd ook niet werkelijk in een 'woestijn' doorbracht zoals velen zich inbeelden. Maar wat er historisch gezien allemaal precies gebeurde, is in feite niet zo belangrijk. Of het nu gaat om vier dagen, veertig dagen of, wie weet, vier jaar, maakt niet zoveel uit. Van belang is dat er een tijd van afzondering was. Op eenzelfde manier is het ook niet zo belangrijk of hij gedurende die tijd helemaal niets at of een klein beetje. We kunnen immers zonder problemen aannemen dat Jezus op zijn minst een eerder ascetische levensstijl aannam gedurende die periode. Het volstaat vast te stellen dat er een tijd was waarin Jezus het nodig achtte om af te zien van alle soorten luxe en overdaad. Dat is uiteindelijk ook waar vasten om draait.

één en hetzelfde ogenblik alle koninkrijken van de wereld zien. De duivel zei tegen hem: 'Ik geef u de macht over dat alles en ook de roem die ermee gepaard gaat, want ik kan daarover beschikken en ik geef het aan wie ik wil; als u in aanbidding voor mij neervalt, zal dat allemaal van u zijn.' Maar Jezus antwoordde: 'Er staat geschreven: "Aanbid de Heer, uw God, vereer alleen hem."' De duivel bracht Jezus naar Jeruzalem en zette hem op het hoogste punt van de tempel, en hij zei tegen Hem: 'Als u de Zoon van God bent, spring dan naar beneden. Want er staat geschreven: "Zijn engelen zal hij opdracht geven om over u te waken." En ook: "Op hun handen zullen zij u dragen, zodat u uw voet niet zult stoten aan een steen."' Maar Jezus antwoordde: 'Er is gezegd: "Stel de Heer, uw God, niet op de proef."' Toen de duivel Jezus aan al deze beproevingen had onderworpen, ging hij voor een tijd bij hem vandaan.[35]

Zoals Jacob worstelde met God, worstelt Jezus hier met de duivel.
De duivel is uiteraard niet de belichaming van het kwaad, die als een demon over de aarde dwaalt. De duivel in dit verhaal is een allegorie voor de drijfveren en verleidingen die in elke mens soms opduiken. Zo wordt Jezus hier geconfronteerd met enkele van de diepste wensen, twijfels en begeerten in de menselijk ziel: bezit, macht en status.
Wanneer Jezus de duivel weerstaat door onophoudelijk voor God te kiezen, wil dat zeggen dat hij erin slaagt om niet toe te geven aan de drang om zich te laten

leiden door bezit en eigenbelang. "De mens leeft niet van brood alleen" – maar ook van Gods liefde. Wij moeten "alleen de heer onze God aanbidden en Hem alleen eren" – en niet onze eigen begeerten. "Stel de Heer uw God niet op de proef" – maar vertrouw erop dat Hij voor je zal zorgen. De hele passage leest als Jezus die zijn eigen gedachten uitzuivert van hebzucht, eerzucht en heerszucht.

Terwijl Hij deze innerlijke transformatie doormaakt, worden zijn laatste twijfels weggenomen en slaagt Hij erin zich totaal aan God over te geven. Hij vertrouwt God met al zijn kracht (want Hij wil geen brood), heel zijn ziel (want Hij wil geen macht), heel zijn hart (want hij wil God niet op de proef stellen) en heel zijn geest (want Hij antwoordt de duivel strikt en vastberaden).

Uiteindelijk moet de duivel – de verleidingen – Hem dan ook verlaten. Hij heeft het eerste gebod succesvol volbracht en, door dat te doen, Zijn begeerten overwonnen.

Het heeft er dus alle schijn van dat Jezus door Zijn periode van ascetische afzondering in staat was om uiteindelijk de egoïstische en egocentrische drijfveren die Hij, net als elke mens, in zichzelf aantrof, te overwinnen. Zijn vasten maakte hem m.a.w. sterk genoeg om zich nog meer en nog sterker op God te kunnen richten.

Hoewel Jezus in de Bergrede aangeeft dat vasten een innerlijke daad moet zijn die zich moet richten op God, blijkt dus uit zijn eigen voorbeeld dat het ook een innerlijke daad kan zijn die *bijdraagt* aan die focus.

De antwoorden die Jezus aan de duivel geeft, laten zien hoe Hij in staat was om na zijn periode van afzondering volledig op God te vertrouwen. Al toont het nog niet precies *hoe* dat komt, we krijgen hier op zijn minst wel te zien *dat* vasten iets kan zijn dat ons vertrouwen in God uitdiept en steviger maakt.

Vertrouwen in God is natuurlijk één van Jezus' geliefde thema's.

> "Vraag je niet bezorgd af: 'Wat zullen we eten?' of: 'Wat zullen we drinken?' of: 'Waarmee zullen we ons kleden?' – dat zijn allemaal dingen die de heidenen najagen. Jullie hemelse Vader weet wel dat jullie dat alles nodig hebben. Zoek liever eerst het koninkrijk van God en zijn gerechtigheid, dan zullen al die andere dingen je erbij gegeven worden. Maak je dus geen zorgen voor de dag van morgen, want de dag van morgen zorgt wel voor zichzelf. Elke dag heeft genoeg aan zijn eigen last."[36]

Het is een veel geciteerde passage. Toegegeven, het klinkt ook goed. Alleen wordt door de lyrische verwoording de werkelijke reikwijdte van deze woorden soms over het hoofd gezien.
In feite spreekt Jezus hier opnieuw over een vorm van vasten. Jezus vraagt om op te houden met steeds allerhande dingen na te jagen die ons leven zogezegd zoveel mogelijk kunnen vullen. We moeten niet altijd op zoek zijn naar 'meer' maar we moeten leren vertrouwen op God en het feit dat Hij ons zal geven wat we nodig hebben. Jezus dringt er dus op aan onze materiële gehechtheden achterwege te laten en meer op het spirituele gericht te zijn.
Opnieuw worden we echter geconfronteerd met

hetzelfde probleem als wat het gebod van liefde met zich meebracht. Letterlijk, rationeel en logisch gesproken is Jezus' advies heel eenvoudig. Intellectueel gezien kan men immers heel gemakkelijk Zijn woorden beamen en zonder terughoudendheid zeggen: "Goed, het enige wat ik nu moet doen is ophouden met mij zorgen te maken over materiële zaken en niet méér willen dan ik nodig heb." Maar elke zelfbewuste persoon weet dat het probleem daarmee niet zomaar van de baan is. Iedereen weet dat het veel gemakkelijker te zeggen valt dan uit te voeren.

Het is helemaal niet zo vanzelfsprekend om op te houden met zich zorgen te maken of begeerten opzij te schuiven. Begeerten en zorgen worden nu eenmaal niet losgelaten door een eenvoudig rationeel besluit of een goed voornemen. Het is net een kenmerk van onvervulde verlangens en begeerten dat ze vaak heel hardnekkig aanwezig blijven, zelfs wanneer het haaks staat op de intellectuele overtuiging van degene die iets begeert of verlangt.

Dat is in zeker zin natuurlijk ook heel normaal. Een begeerte zou helemaal geen echte begeerte zijn als we het voorwerp van onze begeerte niet écht willen krijgen. En doordat we het écht wel willen hebben, frustreert het ons wanneer we het niet kunnen krijgen. Precies omdat we iets begeren, irriteert het ons wanneer we het niet (kunnen) bereiken en doet het pijn wanneer we het (terug) moeten achter laten. Dat is nu eenmaal de emotionele realiteit van een begeerte.

Jezus' advies is met andere woorden verre van een eenvoudig te volgen richtlijn. Als men Zijn raad werkelijk probeert op te volgen, is het onvermijdelijk dat men in een ongemakkelijke existentiële spanning terechtkomt, heel eenvoudig omdat Hij ons in feite vraagt niet te willen wat we willen.

Zijn raad is echter heel subtiel: in plaats van alsmaar meer te willen, zegt Jezus, zouden we moeten leren genoeg te hebben aan wat God ons geeft en zouden we erop moeten vertrouwen dat Hij ons ook zal geven wat we nodig hebben. Willen we meer dan wat we nodig hebben, dan moeten we dat eigenlijk niet van God verwachten.

Jezus plaatst ons dus voor de keuze tussen behoefte en hebberigheid.

Die keuze moet echter niet zomaar gemaakt worden. Er is een reden voor. Wie vertrouwt op God zal niet alleen zijn behoeftes vervuld weten maar ook zorgeloosheid vinden. Wie zich daarentegen laat leiden door hebberigheid zal steeds worden opgejaagd door de vele zorgen die het steeds meer willen met zich meebrengt.

In de passage die eraan voorafgaat stelt Jezus de keuze eigenlijk nog scherper.

> Niemand kan twee heren dienen: hij zal de eerste haten en de tweede liefhebben, of hij zal juist toegewijd zijn aan de ene en de andere verachten. Jullie kunnen niet God dienen én de mammon.[37]

Er kan maar één echte focus zijn. Men is verplicht keuzes te maken. Het is God of de Geldgod. Het is de wet van liefde of de wet van eigenbelang. Het is de ziel van spiritualiteit of de geest van bezitterigheid.

De keuze bevindt zich echter niet in het luchtledige. Het is geen toevallig spel van 'goed' of 'kwaad'. Er is een existentiële reden waarom we onze hebberigheid en drang naar meer bezit zouden moeten achterlaten.

> Verzamel voor jezelf geen schatten op aarde: mot en roest vreten ze weg en dieven breken in om ze te stelen. Verzamel schatten in de hemel, daar vreten mot noch roest ze weg, daar breken geen dieven in om ze te stelen. Waar je schat is, daar zal ook je hart zijn.[38]

Jezus stelt het in al zijn eenvoud: het is absurd op zoek te gaan naar schatten die toch maar verroesten en gestolen worden. Iedereen wil uiteindelijk een blijvende schat en die vind je enkel in God. Wie werkelijk een schat wil bezitten, kan maar best naar de spirituele schat zoeken die hij zal krijgen door zich op God te richten en niet door zich te laten verblinden door materialisme.
Op dit punt raken Jezus' woorden dan ook de *hoe*-vraag aan. Wie toegeeft op zoek te zijn naar blijvende schatten moet zijn of haar handelen daar ook aan aanpassen. Wie op zoek is naar God moet ophouden met 'aardse schatten' te verzamelen. Wie zich wil richten op God moet zich ontdoen van bepaalde luxes en materiële zekerheden.
En net dat is iets waar vasten de mogelijkheid toe biedt. Er is geen betere manier om je materiële luxes en 'aardse schatten' achterwege te laten dan vasten. Al is het van tijdelijke aard, vasten is de meest directe manier om dit vertrouwen concreet te maken. Door te vasten kiest men immers letterlijk voor het niet gericht zijn op materiële gehechtheden.
Vasten is met andere woorden een manier om met lichaam en ziel uit te drukken dat men voor God kiest en niet voor de mammon.
Zo zorgt een vasten meteen ook voor grotere gerichtheid op God. Het gaat immers in beide

richtingen. Het is het één of het ander. Kiest men niet voor de mammon, dan kiest men wel voor God. Het enige wat nog kan overblijven wanneer men de zekerheid van het materiële achterwege laat, is het vertrouwen in God.

Wat kunnen we dus doen om een groter vertrouwen in God te verkrijgen? Vasten. Dat zagen we al in Jezus' vasten. En wat is de reden dat een vasten voor meer vertrouwen in God kan zorgen? Het feit dat men zich in een vasten bewust afkeert van gehechtheden.

Gandhi's leven maakte het ook duidelijk: vasten voegt de daad bij het woord. Door te vasten blijft het vertrouwen in God niet enkel een gedachte, het wordt ook uitgevoerd. Men laat materiële gehechtheden werkelijk achter door er bewust en heel concreet van af te zien.

In een vasten neemt men iets weg dat het zicht op de spirituele realiteit belemmert. In een vasten verwijdert men iets waarvan men vaak te afhankelijk is en daardoor ontstaat meer ruimte voor spirituele diepte.

Wie zich door God gedragen weet, wie zich door Gods spirituele realiteit omgeven weet, zal uiteindelijk ook tot een laatste vaststelling komen inzake de verbondenheid tussen vasten en Godsvertrouwen: niet enkel moet vasten een innerlijke focus op God *zijn*, niet enkel *versterkt* het deze focus, maar de focus op God kan ons ook tot vasten *aanzetten*.

Wie vertrouwt op God zal immers steeds minder de nood voelen zich (terug) op de mammon te richten en zich (opnieuw) vast te klampen aan 'aardse schatten'. Wie vertrouwt op God zal genoeg hebben aan wat noodzakelijk is en minder geneigd zijn naar luxes te zoeken. Vertrouwen in God zal dus ook vanuit zichzelf inspireren tot vasten.

Daarvan vinden we eveneens voorbeelden in het evangelie. Wie het stukje over Jezus' woestijnvasten (Lc. 4:1) er terug bijneemt, leest immers het volgende: "Vervuld van de heilige Geest trok Jezus weg van de Jordaan, en geleid door de Geest zwierf hij veertig dagen rond in de woestijn, waar hij door de duivel op de proef werd gesteld."[39] Jezus was dus van meet af aan reeds vervuld van Gods Geest. Het was God zelf die Hem tot vasten aanzette.

Zo komen we uiteindelijk uit bij een 'vicieuze vastencirkel'. Vertrouwen en focus op God doen ons vasten en vasten maakt ons vertrouwen en onze focus op God groter.

Vragen waar het precies begint is een irrelevante kip-of-ei-vraag. Van belang is immers enkel dat vasten en Godsvertrouwen elkaar versterken en dat ze samen een antwoord bieden op de vraag *hoe* we onze gerichtheid op God kunnen vergroten.

Zelfgave

Jezus' vertrouwen in God werd nergens zo sterk zichtbaar als in Zijn kruisdood. Zijn dood toonde de grootst mogelijke gerichtheid op God. Zijn dood getuigde van de mogelijkheid om volledig af te zien van de eigen begeerten en totaal op God te vertrouwen.

Het is dan ook niet onlogisch om Jezus' kruisdood en Jezus' vasten op spiritueel vlak met elkaar te associëren. Vasten draait om het afzien van bepaalde 'luxes' en erop

De eenvoud van Jezus

vertrouwen dat wat men nodig heeft ook zal gegeven worden. Jezus' dood draait rond het afgeven van het leven en erop vertrouwen dat God een voller leven daarvoor in de plaats zal stellen.
Jezus' dood kan daardoor als symbolische maatstaf voor het vasten gezien worden. Een vasten kan spiritueel gezien immers nooit 'perfecter' zijn dan Jezus' dood. Een vasten kan nooit verder gaan dan God zo ver te vertrouwen dat men Hem uiteindelijk alles kan geven – zelfs het leven.
En zo komen we weer bij ons beginpunt, dat eerste en meest essentiële onderdeel van Godgerichtheid: liefde. Jezus zelf zei immers dat er geen grotere liefde is dan je leven te geven voor diegenen die je liefhebt. In die zin was Jezus' dood, zoals Gandhi het ook zei, een perfecte daad van liefde.

Waarom was Jezus' daad zo perfect? Heel eenvoudig omdat absoluut niets hebben en op de één of andere manier toch nog kunnen geven, de grens van het mogelijke bereikt en zelfs overschrijdt.
Tijdens de kruisweg was alles reeds van Jezus afgenomen. Het enige wat overbleef waren Zijn laatste druppels kracht, Zijn gepijnigde ziel, Zijn verwarde geest en Zijn bloedende hart.
De spirituele pijn en innerlijke worsteling moeten immens geweest zijn.
Dat was het ogenblik waarop Jezus terug aan het wankelen werd gebracht. Zo diep sneed de pijn dat Hij uiteindelijk zelfs aan het bestaan van God ging twijfelen en luidkeels riep: "Eloï, Eloï lama sabaktani" ("Mijn God, Mijn God, waarom hebt gij mij verlaten?").
Het brengt ons naadloos terug naar de zielstrijd die

Een vasten op God richten

Jezus voerde tijdens zijn veertigdagentijd in de woestijn. Wie de passage immers goed leest, merkt dat Lc. 4:13 in zekere zin een open einde bevat. De duivel verlaat Jezus niet zonder meer. Volgens de tekst verlaat de duivel hem wel "voor enige tijd". Aan het kruis – d.w.z in Jezus' allerdonkerste uur – zien we hem effectief ook terug. Jezus wordt opnieuw geconfronteerd met zichzelf, met zijn wensen, met zijn verwachtingen en met zijn verlangens. Hij stelt zichzelf in vraag, hij stelt zijn leven in vraag en hij stelt God in vraag.

Het is onmogelijk te vertrouwen op iemand waarvan men niet gelooft dat hij er is. Het is onmogelijk iemand lief te hebben waarvan men denkt dat hij niet bestaat. Als Jezus' uitroep ons dan iets toont, dan is het dat Hij aan het kruis bijna Zijn vertrouwen verloor en bijna Zijn liefde ontkende.

Maar (en dit is een uitermate cruciale 'maar') dat deed hij uiteindelijk niet. Hij gaf niet volledig aan de twijfel toe.

Al wist hij niet met zekerheid waarheen het precies zou leiden, Hij slaagde er uiteindelijk toch in op God te vertrouwen en zijn hele hart, ziel, kracht en geest erachter te plaatsen. Hij had uiteindelijk totaal en onvoorwaardelijk lief. Dat was Jezus' dood.

En (en dit is een uitermate cruciale 'en') die dood bleek uiteindelijk geen zinloze dood.

Het was niet alleen Christus die Zichzelf gaf. Ook de Ene, naar wie Christus zijn geest en ziel had bevolen, gaf zichzelf. Christus' gave werd beantwoord door Gods gave van dieper Leven en oneindige Liefde. Het vertrouwen werd beloond met een uitgezuiverd en hernieuwd bestaan.

Deze keer kon de duivel hem niet meer voor enige tijd

De eenvoud van Jezus

alleen laten, want er zou geen moment meer zijn waarop de duivel nog terug kon komen. De duivel moest voorgoed verdwijnen en God kon voorgoed blijven. Dat was Jezus' verrijzenis.

Door Jezus' ultieme daad van zelfgave, door zijn kruisdood, werd zijn gerichtheid op God dus totaal en God antwoordde door Zich ook op Hem te richten en Hem in Zich op te nemen. Ik beschouw het als een soort 'existentiële vasten'.

De bron van de kracht

Natuurlijk wordt in het voorgaande helemaal niet geïmpliceerd dat we moeten sterven als we zo diepgaand en totaal mogelijk willen vasten. Het was enkel om vasten te begrijpen in het licht van Christus' betekenis dat ik Zijn dood en verrijzenis beschreef.
Om de betekenis van Jezus' leven en dood werkelijk aan ons eigen vasten te verbinden, moeten we enkel dezelfde redenering volgen die reeds werd aangebracht op het einde van de bespreking van vasten in Gandhi's leven: wat waar is in het grote geheel der dingen is ook waar in de kleine aspecten van het leven. De kruisdood is dus geen na te streven voorbeeld maar een referentiepunt voor de 'basisdynamiek' die aan elke 'normale' vasten ten grondslag ligt.
Het is vanuit die basisdynamiek dat we kunnen begrijpen waar zowel Gandhi's vasten als elke andere spirituele vasten zijn diepe kracht haalt, want of het nu gaat om een ééndaagse vasten of een wekenlange hongerstaking, een vasten krijgt zijn kracht om dezelfde reden: *God geeft Zich aan diegenen die zich aan Hem geven.*
Dat waren nu eenmaal de boodschap en de betekenis van Christus' verrijzenis. Wie zich aan God overgeeft, wordt niet in de steek gelaten. Het zijn niet enkel mooie theorietjes of vage woorden, Jezus' leven toont dat het reëel en concreet is: wie zijn ziel aan God toevertrouwt zal vervuld worden door zijn Geest.
De bekende mysticus Bede Griffiths, een benedictijnse monnik in India, die de Indische cultuur en spiritualiteit

De eenvoud van Jezus

wist te integreren in zijn eigen christelijke leven en denken, omschreef het zo: "In liefde geven we onszelf, staan we in contact met absolute realiteit en transcenderen we onszelf in overgave van het zelf. Zo is er ook in het goddelijke wezen, in de absolute realiteit een beweging van liefde, een zelfgave, een zelfovergave. God geeft zichzelf aan de mens, brengt Zijn eigen Geest, Zijn innerlijke zelf aan de mens over."[40]

In de mystieke literatuur van heel wat religies kunnen veel beschrijvingen van ditzelfde fenomeen gevonden worden. Met welke woorden, met welke taal of met welke concepten het ook wordt uitgedrukt, uiteindelijk wordt steeds op dezelfde realiteit gewezen. Wanneer we ons op Hem richten, zal Hij zich ook op ons richten.

Wat is volgens mystici, profeten en wijzen dus de 'onzichtbare kracht' die het vasten zo'n impact verleent? Niets anders dan God zelf.

God is de kracht achter het vasten, net zoals hij de kracht is achter elke daad van zelfgave. Want na een daad van zelfgave kan enkel God het overnemen.

De dimensies van het vasten

Gezegend zijn diegenen die in vrede volharden
door U, allerhoogste
zullen zij worden gekroond.

Sint Franciscus

De verschillende dimensies van het vasten worden in dit boek afzonderlijk behandeld maar vasten kan nooit tot één dimensie worden herleid. Al evenmin kan het worden verdeeld in duidelijk afgelijnde deelaspecten. In de praktijk van het vasten zijn verschillende dimensies steeds op hetzelfde moment aanwezig, waarbij zij elkaar beïnvloeden, versterken of in evenwicht brengen.

Verzoening met God

Vasten als een vorm van verzoening met God is eeuwenoud.
Meestal noemt men het 'boetedoening', maar zo'n begrip roept vandaag de dag allerhande beelden op van overmatig schuldbesef of ongezonde zelfkastijding en daar heeft het niets mee te maken. De 'boetedoening' waar het in een vasten om draait, is een vorm van verzoening met zichzelf en met God.
Dat wordt bijvoorbeeld heel duidelijk in de joodse traditie. Jom Kipoer, de enige verplichte jaarlijkse en nationale vasten van het jodendom wordt niet alleen de 'Dag van Boetedoening' genoemd maar ook de 'Dag van Verzoening'.
Op Yom Kippur vast men echter niet om zich met andere personen te verzoenen. Als men verzoening met de anderen wil, dan moet men nog vóór Yom Kippur aanbreekt toenadering zoeken tot die persoon en, indien mogelijk, het onrecht herstellen dat men hem of haar heeft aangedaan. De dag van verzoening staat daarentegen wel in het teken van een spiritueel herstel van de goddelijke principes in het eigen bestaan. Op Yom Kippur vast men dus omdat men de 'fouten' wil herstellen die men ten opzichte van God heeft begaan.
Spiritueel gesproken kan men uiteraard geen grotere 'fout' begaan dan God te weinig toe te laten in het eigen leven. Men kan geen grotere religieuze vergissing begaan dan teveel op zichzelf te focussen en te weinig op God gericht te zijn. Dat werd duidelijk uit Jezus'

woorden: ons leven laten bepalen door aardse schatten zal onze ziel geen millimeter vooruit helpen want onze ziel is op zoek naar hemelse schatten.

De 'fout' die men door een verzoenende vasten herstelt is dan ook niet het soort fout dat om een harde straf vraagt. Het is niet het soort vergissing dat men door een terechtwijzing kan voorkomen.

Het vraagt om een middel dat toelaat om het innerlijk te omwentelen en het terug in overeenstemming te brengen met Gods waarheid en liefde. Het vraagt om een middel dat toelaat om zich terug op God te richten wanneer Hij al te zeer uit het eigen hart is verdwenen. Het vasten, als een daad van zelfgave, is zo'n middel.

Ook Gandhi's vasten toonde telkens opnieuw dat het een manier was om tot grotere Godgerichtheid te komen.

Misschien lijkt het alsof sommige vastenacties van Gandhi erop gericht waren om verzoening met andere personen te bekomen (zoals zijn vasten in de Phoenix boerderij) of om verzoening tussen andere partijen te bewerkstelligen (zoals zijn vasten in Calcutta en Delhi) maar dat is in werkelijkheid niet het geval.

Zelfs de vastenactie die hij ondernam om de orthodoxe hindoes ervan te overtuigen om het systeem van de kasteloosheid af te schaffen en die hij zelf ook expliciet als een 'boetevasten' zag, is uiteindelijk een vasten waarin hij zich terug probeert te verzoenen met het goddelijke.

Het is ook een beetje absurd om te denken dat Gandhi zou vasten voor de morele fouten van anderen. Gandhi's ideeën waren soms heel onconventioneel, maar zelden tot nooit absurd. "Als ik vast, dan zal God misschien hun zonden vergeven en als ik mezelf pijnig dan haalt Hij misschien het kwade uit de wereld." was hoegenaamd niet Gandhi's manier van denken.

Hij was er echter wel van overtuigd dat zijn omgeving niet zo vaak in morele fouten zou vervallen als hij zelf God genoeg had toegelaten in zijn eigen hart en leven. Gandhi gaf dikwijls aan dat hij geloofde dat bepaalde gebeurtenissen nooit zo zouden zijn ontspoord indien hij zelf zuiver genoeg was geweest in zijn eigen gedachten en daden.

Gandhi zag God nu eenmaal niet als een antropomorf wezen dat vanuit de hoogte het wel en wee op de wereld bepaalt. God was voor hem de spirituele essentie van het bestaan, de diepe werkelijkheid die alles tegelijkertijd doordringt en overstijgt, de kracht die de schepping gaande houdt. Hij beschreef God als leven, waarheid en licht. Wie in zijn eigen leven aan God alle plaats biedt, zou volgens Gandhi dan ook een ongekende bron van leven, waarheid en licht worden, die onvermijdelijk zou afstralen op zijn omgeving.

Gandhi was ervan overtuigd dat één oprechte satyagrahi, d.w.z. iemand die in alle zuiverheid en alle standvastigheid vasthoudt aan de spirituele waarheid van het leven, steeds de gewenste verandering zou kunnen brengen in vastgelopen situaties.

Als Gandhi sommige situaties niet ten goede kon veranderen, was het in zijn ogen dan ook duidelijk dat hij nog steeds geen totaal oprechte satyagrahi was. Hij gaf bijvoorbeeld nederig toe dat hij er soms niet in slaagde om zijn temperament onder controle te houden en dat hij zodoende in gebreke bleef om de geest van ahimsa perfect na te leven.

Een mahatma ziet nu eenmaal een fundamentele

eenheid in alle realiteit. De goddelijke werkelijkheid verbindt alles met alles en iedereen met iedereen. Voor Gandhi was het dan ook evident: als zijn omgeving te weinig Godgerichtheid toonde, dan toonde ook hijzelf te weinig Godgerichtheid. Hij vastte dus niet om de morele fouten van anderen met God te verzoenen, maar om te achterhalen waarom en op welke manier hij zelf te weinig Godgerichtheid had getoond.

Zelfreflectie

Jezus verwoordde het zo: "Wie zonder zonde is, werpe de eerste steen."
We zijn altijd een onderdeel van de conflicten die ons omringen. Soms is ons aandeel rechtstreeks, soms is het onrechtstreeks en soms bestaat het net in het feit dat we alles zomaar hebben laten begaan.
Zelfreflectie en zelfcorrectie zijn dan ook onvermijdelijk indien we werkelijk de problemen en moeilijkheden die ons omringen, willen overwinnen.
"Vergroot je eigen fouten zodanig dat ze eruit zien als bergen en doe constant moeite om hen te overwinnen. (...) Denk nooit dat je je niets moet aantrekken van je eigen fouten omdat anderen dezelfde fouten maken. Wat je ook doet, het is je dharma de fouten die je in jezelf aantreft te corrigeren. (...) Je zal niet in staat zijn op commando van anderen datgene te overwinnen wat je niet zelf als fouten beschouwt. Het zou bijgevolg moeten volstaan te zeggen dat je alle fouten die je in jezelf aantreft van je af moet schudden."[41]
Deze woorden richtte Gandhi tot de dalits. Als hij zoiets tegen dalits kon zeggen, een groep die men toch zeker niet de 'schuld' kon geven voor hun onderdrukking, hoeveel te meer geldt het dan niet voor ons?
Wie niet nadenkt over zichzelf en niet bereid is zichzelf te corrigeren doet dat dan ook op straffe van hypocrisie. Wie de eigen fouten niet onder ogen durft te zien, zal immers steeds anderen de schuld geven en zichzelf

vrijpleiten – wat natuurlijk manifest in tegenspraak is met de waarheid en werkelijkheid van ongeveer elk conflict en relationeel probleem.

Jezus zei het ook nog zo: "Oordeel niet, opdat er niet over jullie geoordeeld wordt. Want op grond van het oordeel dat je velt, zal er over je geoordeeld worden, en met de maat waarmee je meet, zal jou de maat genomen worden. Waarom kijk je naar de splinter in het oog van je broeder of zuster, terwijl je de balk in je eigen oog niet opmerkt? Hoe kun je tegen hen zeggen: 'Laat mij de splinter uit je oog verwijderen,' zolang je nog een balk in je eigen oog hebt? Huichelaar, verwijder eerst de balk uit je eigen oog, pas dan zul je scherp genoeg zien om de splinter uit het oog van je broeder of zuster te verwijderen."[42]

Het is geenszins toevallig dat deze raadgeving van Jezus onmiddellijk volgt op de passage van de Bergrede waarin Hij ons aanmaant om ons geen zorgen te maken over wat we zullen eten of drinken, maar te vertrouwen op God en genoeg te hebben aan wat Hij ons geeft. Een werkelijk Godgericht leven vraagt dus niet om zelfgerichtheid maar wel om zelfreflectie. Een werkelijk Godgericht leven gaat immers gepaard met een onaflatende eerlijkheid van steeds opnieuw in vraag stellen of we werkelijk Godgericht zijn of niet.

Vasten maakt spirituele eerlijkheid echt. Het maakt zelfreflectie concreet.

Dat komt om te beginnen heel eenvoudig doordat men tijd vrijmaakt – tijd die men kan gebruiken om spirituele processen van zelfreflectie in gang te zetten.

Als men zich niets hoeft aan te trekken van wat, wanneer en hoe men zal eten, dan creëert men een 'tijdsopening'. En wie daardoor gaat, kan zich plots richten op al datgene waar men normaal gezien te weinig mee bezig is, zoals introspectie, meditatie en gebed.

Tijdens een periode van vasten is er geen nood aan de dagelijkse beslommeringen. Het leert de vaster telkens opnieuw dat onze dagelijkse activiteiten helemaal niet zo noodzakelijk zijn als we soms denken. Het leert de vaster dat het belang van een diepgaander spiritueel leven al te vaak wordt ondergesneeuwd door dat dagdagelijkse.

In een vasten kan men het eigen leven dan ook van op een soort 'afstand' bekijken. Men doorbreekt de dagelijkse patronen en plaatst ze terug in een groter spiritueel perspectief. Zo kunnen we tijdens een vasten ons eigen leven terug helderder bekijken en kunnen we nagaan wat ons vasthecht – of beter: kunnen we achterhalen waar we onszelf aan vasthechten.

Zo biedt een vasten op zijn minst een gelegenheid om na te gaan hoe afhankelijk men is van bepaalde voeding. Het kan voor velen bijvoorbeeld heel verrassend zijn om te ontdekken welke kleine 'goestingetjes' tijdens een vasten de kop op steken en welke lichamelijke verwachtingen het hardnekkigst blijken te zijn.

Doorheen een vasten ondervindt een vaster zo hoe vaak en hoezeer hij zich laat leiden door opwellingen van het moment en niet door spirituele of morele keuzes.

Datzelfde geldt natuurlijk ook voor andere gehechtheden. Het achterwege laten van eten is slechts één element. In een vasten kunnen we onszelf confronteren met allerhande vaak kleine onopgemerkte emotionele en psychologische patronen die ons soms op heel subtiele manieren gevangen houden in onze ik-gerichtheid, d.w.z. in ons egocentrisme en egoïsme. In zekere zin zijn het allemaal kleine 'verslavingen', want onze wens om ze in te vullen blijkt al te vaak sterker dan onze spirituele of morele principes.

Dat wordt tijdens een vasten extra duidelijk omdat een vasten net een manier is om er heel bewust voor te kiezen de spirituele principes weer voorop te stellen en de eigen gehechtheden achterwege te laten. Net zoals Jezus zichzelf in de woestijn confronteerde met de verleidingen en gehechtheden van bezit, macht en status die in elke menselijke ziel ronddwalen, kunnen we in een vasten op zoek gaan naar de manieren waarop we zelf, vaak heel onbewust, de oorzaak zijn van een tekort aan Godgerichtheid.

Het vasten biedt niet alleen tijd en ruimte voor zelfreflectie, maar het is meteen ook zowel een symbolische als fysieke uitdrukking van het feit dat men zichzelf in vraag stelt en op zoek wil gaan naar de wijze waarop men God niet genoeg niet genoeg plaats geeft in het leven.

En net door die uitdrukking, door die 'expressie' van onze wil tot zelfreflectie wordt de innerlijke ingesteldheid versterkt. Een vasten maakt onze zelfreflectie immers *'voelbaar'*.

De (fysieke) ervaring van het vasten verankert onze zelfreflectie veel dieper in ons bewustzijn en ons geheugen dan het geval zou zijn als we gewoon even mentaal stil zouden staan bij bepaalde aspecten van ons leven.

Gedachten zijn nu eenmaal vluchtig. Maar een gedachte die gedragen wordt door een lichamelijke ervaring graaft zich dieper in onze herinnering. Het fysieke aspect van een vasten geeft het geheel in zekere zin wat meer spiritueel 'gewicht'. Het doet het wat langer nazinderen.

Dit wil natuurlijk niet zeggen dat het vasten gebruikt mag worden als een middel om misplaatste schuldgevoelens weg te werken door er fysiek lijden voor in de plaats te stellen. Als iemand vast omdat het zijn of haar zelfverwijt en schuldgevoelens reduceert, dan is die persoon wel heel ver verwijderd van de juiste motivatie. Zoiets maakt een vasten immers tot een heel duidelijke *gewelddadige* daad die erop gericht is lijden aan te doen als 'straf' voor een veronderstelde 'schuld'.

Vasten draagt natuurlijk onvermijdelijk een zekere hardheid in zich omdat men tijdens een vasten net die dingen nalaat waar men in principe heel hard aan gehecht is, maar het vasten mag nooit gericht zijn op het aanrichten van pijn. Het vasten moet altijd gericht zijn op Gods liefde en mag *nooit* een vorm van zelfkastijding worden.

Zelfkastijding is trouwens een onechte vorm van 'omwenteling'. Echte omwenteling bestaat in het zoeken naar en het aanpakken van de oorzaken van je fouten, niet in het bestraffen ervan. In zelfkastijding zit geen enkele Godgerichtheid. In tegendeel, het toont in hoofdzaak een overdreven egogerichtheid door steeds opnieuw de aandacht te richten op het "IK ben slecht", "IK moet lijden."

Een zuivere vasten richt een vaster niet op zichzelf, maar via oprechte zelfreflectie richt het de vaster op God. Het loslaten van gehechtheden is uiteraard lastig, maar het stelt als doel Gods liefde weer de volle vrijheid te bieden in het eigen leven.

De dimensies van het vasten

Vasten als zelfreflectie is dus geen kwestie van zich blind staren op de eigen fouten, maar het is een manier om de eigen gehechtheden op het spoor te komen door bepaalde gehechtheden meteen ook achterwege te laten. Vasten als zelfreflectie maakt onze verzoeningspoging met God nog concreter waardoor het iets 'echt' wordt in plaats van iets waar we enkel wat aandacht aan schenken. Vasten is een zelfreflectieve daad en het is daadwerkelijke zelfreflectie.

Of zoals Gandhi het ooit zei: "Wat de ogen zijn voor de uiterlijke wereld, is vasten voor de innerlijke."[43]

Spirituele training

Het proberen achterhalen van de eigen fouten, verslavingen en gebrek aan Godgerichtheid is één probleem, de kracht en mogelijkheid hebben om je ervan te ontdoen een ander. Zelfreflectie en inzicht zorgen er immers niet per definitie voor dat we ook werkelijk kunnen aanpakken, oplossen of veranderen wat we in onszelf ontdekken.
Het is net als zwemmen. Louter weten en begrijpen wat men met armen, benen en voeten moet doen, stelt mensen nog niet onmiddellijk in staat om niet te verdrinken. En zelfs wanneer men het kan, is men niet van vandaag op morgen klaar om het kilometers aan een stuk te doen. Enkel na heel wat training verkrijgt men de fysieke kracht, de technische competentie en de lichamelijke coördinatie die men nodig heeft om zich vlot, snel en langdurig in het water voort te bewegen.
Zo is het eigenlijk ook met spiritualiteit. Enkel na heel wat 'training' kan men de spirituele kracht, de emotionele controle en het geestelijke inzicht verkrijgen die nodig zijn om het egocentrisme te doorbreken, zich onafgebroken op God te richten en het evenwicht van de ziel te bewaren.
En die training verkrijgt men o.a. door te vasten. Vasten doet ons spiritueel 'oefenen' en als zodanig onze geestelijke kracht, onze innerlijke competentie en onze emotionele controle vergroten. Dat wordt niet onmiddellijk duidelijk vanuit één of andere theorie, maar wel vanuit concrete voorbeelden van heel wat

De dimensies van het vasten

mahatma's en vooral vanuit Christus' leven.

Jezus' vastentijd in de woestijn liet zien dat een vasten de vaster niet alleen opnieuw op God richt maar dat het de Godgerichtheid van de vaster sterker maakt. Na zijn veertigdaagse afzondering bleek hij immers in staat te zijn om de subtiele argumenten van de duivel en zijn verleidingen te weerstaan.

Ik wees ook reeds op een verband tussen deze vastentijd van bewust materieel loslaten en het cruciale moment aan het kruis, waarop Hij zichzelf helemaal aan God kon geven. Mijns inziens is dit verband niet louter associatief of symbolisch. Er is ook een reële samenhang. We kunnen ons immers afvragen of Jezus na zijn lijdensweg dezelfde spirituele keuzes had kunnen maken en dezelfde spirituele houding had kunnen bewaren als Hij die niet op andere momenten had 'aangeleerd'. Men kan zich met andere woorden afvragen of Jezus de extreem harde kruissituatie inderdaad had kunnen doorstaan indien hij eerder in zijn leven niet doorheen bepaalde woestijnperiodes was gegaan.

Uit het evangelie blijkt alleszins dat Jezus zich heel vaak toelegde op verschillende religieus-spirituele praktijken waaruit Hij kracht putte. De veertigdaagse woestijnvasten is daar niet het enige voorbeeld van. Er zijn ook heel wat momenten waarop Jezus gaat bidden om zich te openen voor God en zich te laten vervullen door Zijn Liefde.

Wanneer Jezus zich in gebed afzonderde, zoals bijvoorbeeld ook in de hof van olijven, ging dat heel vaak gepaard met een soort innerlijke strijd. En telkens Hij deze strijd doorkwam, werd duidelijk hoe Hij opnieuw de kracht bezat om zijn taak op te nemen.

Het heeft er dus alle schijn van dat verschillende spirituele inspanningen in Jezus de kracht en de geestelijke capaciteit ontwikkelden die Hij nodig had om de complete daad van zelfgave aan het kruis te kunnen volbrengen.
Anders gezegd: door zijn eerdere spirituele inspanningen was Hij niet alleen in staat om God meer ruimte te geven in Zijn ziel maar was Hij ook in staat om zich uiteindelijk volledig door God te laten overnemen.
In ons eigen leven is dat niet anders. Net zoals Jezus kunnen we grote existentiële crisissen pas overwinnen als we kleinere innerlijke gevechten hebben doorworsteld. En net daardoor kan vasten ook in onze spirituele ontwikkeling van cruciaal belang zijn.
Ik maakte reeds duidelijk dat de kracht die in het vasten schuilt dezelfde is als degene die in elke daad van zelfgave schuilt. Door tijdens een vasten de focus op God te vergroten, vergroot ook Gods focus op ons – of beter gezegd: wordt Gods aanwezigheid in ons groter. Door te vasten, net zoals door te bidden, openen we onszelf meer en meer voor God waardoor wij ook meer en meer vervuld worden van Gods geest.
Door te vasten kunnen we met andere woorden onze capaciteit tot overgave 'trainen'. We kunnen zelfgave 'oefenen'. Hoe meer wij ons leegmaken, hoe meer God ons zal vullen. Hoe meer wij geven, hoe meer wij zullen ontvangen.
Het mag duidelijk zijn waarom dat zo is: door in een vasten bewust ervoor te kiezen om onze gehechtheden achterwege te laten, leren we om onze egogerichtheden te doorbreken en ons steeds meer op God te richten. Vasten is dus een manier om meer controle te krijgen

over ons ego. Vasten is een paradoxale religieuze training die meer grip biedt op het ego, juist door het los te laten.

Het idee van egocontrole door begeerten los te laten is een bekend idee in de oosterse religies zoals het hindoeïsme. Gandhi was er dan ook vol van.
Telkens opnieuw ging Gandhi verder op zoek naar manieren om egogehechtheden te doorbreken en zich steeds meer te ontdoen van allerlei materiële luxes. Zijn verschillende vastenperiodes waren daarbij telkens ervaringen die inzicht gaven in de manier waarop hij nog soberder kon leven, die zijn vertrouwen in God vergrootten en die zijn opvatting van 'minder is meer' versterkten. Doorheen zijn vele vasten had Gandhi dus geleerd hoe hij zijn eigen begeerten opzij kon zetten.
Ook Gandhi's leven laat zien dat vasten inderdaad als een spirituele training gebruikt kan worden. Gandhi ging immers steeds verder in zijn vastenexperimenten. Het waren testen die hem telkens opnieuw sterker maakten, het waren oefeningen die zijn Godsfocus steeds vergrootten.
Daardoor geldt voor Gandhi hetzelfde als voor Jezus. Hij zou zijn laatste zowel fysiek als mentaal zeer belastende vastenacties waarschijnlijk niet hebben kunnen ondernemen als hij eerder geen 'gemakkelijkere' vastenperiodes had doorgemaakt. Elke vasten vergrootte zijn spirituele capaciteit, zodat hij uiteindelijk zo ver kon gaan dat hij op 78-jarige leeftijd in staat was massaal geweld met een vasten te doen eindigen.
Als geen ander had Gandhi dan ook begrepen en aan den lijve ondervonden dat de geest sterker wordt naarmate men zich meer van gehechtheden en

Spirituele training

begeerten ontdoet. Een beetje zoals gewichtheffen de armspieren steeds sterker maakt, maakt vasten de ziel steeds krachtiger en stelt het ons in staat om 'gebrek' alsmaar beter te verdragen.
Het past perfect in Gandhi's hindoeïstische denken en zijn spirituele zoektocht naar moksha. "Vasten is een fantastisch instrument voor zelfdiscipline." las ik ooit in een hindoetekst. "Het is een training van de geest en het lichaam om te leren verdragen en zich te harden tegen zware tijden, om door te doen in moeilijke omstandigheden en niet op te geven. Volgens de hindoefilosofie betekent voeding de bevrediging van de zinnen en de zinnen uithongeren is ze verheffen tot contemplatie.""[44]

Gandhi's idee over het verband tussen eten en algemene begeertes van de mens, is ook helemaal niet absurd. Het is zelfs heel concreet. Enkele duidelijke voorbeelden daarvan zijn obesitas en cholesterolproblemen. Men bestempelt deze problemen soms als 'beschavingsziekten', d.w.z. als medische problemen die ontstaan of verergeren naarmate een maatschappij zich meer luxes kan veroorloven. Door onze 'beschaving' zijn we immers in staat om ongebreideld te consumeren maar door onze overconsumptie brengen we ons lichaam enorme schade toe.
Hoe zouden mensen die niet eens in staat zijn hun begeerte onder controle te houden ten voordele van hun directe fysieke gezondheid, dat wel kunnen omwille van hun minder tastbare spirituele gezondheid? Het herstellen van de voedingsgewoontes is voor heel wat mensen dan ook de eerste stap om te leren hoe ze allerhande andere begeerten onder controle kunnen

houden.

Het achterwege laten van bepaalde voedingsgewoontes is dus eigenlijk gewoon een klein element dat ons in zekere zin 'klaarmaakt' en 'voorbereidt' op grotere spirituele omwentelingen. Klein beginnen maakt het mogelijk om met groter verlies om te gaan. Vasten leert ons op een afgelijnde manier hoe we een lastige tijd kunnen doorkomen zonder onszelf, onze principes of onze Godgerichtheid te verliezen.
Daarom is vasten ook niet gemakkelijk. Dat is ook niet de bedoeling. Integendeel, door de hardheid ervan is het net één van de weinige te controleren daden die ons kan leren omgaan met andere moeilijke periodes.

Economische bevrijding

De spirituele verbanden tussen de nood om te vasten, onze levensstijl en ons consumptiegedrag gaan in feite heel wat verder dan onze eetgewoontes. Om dat te laten zien is het echter nodig om kort uit te weiden over enkele onderwerpen die tot nu toe geen aandacht kregen en die al te vaak verkeerdelijk worden losgekoppeld van onze zoektocht naar diepgaande spiritualiteit. Meer bepaald moeten we de huidige sociaaleconomische toestand van onze maatschappij en wereld in alle eerlijkheid onder ogen zien.

De 'global village' is immers een feit en de economische patronen van deze 'global village' verbinden ons leven met het leven van allerlei mensen uit alle delen van de wereld. We beseffen zelden dat onze 'buur' in deze 'global village' eigenlijk 20.000 km verder woont.

Onze groenten worden niet meer geteeld door de boer uit ons dorp, onze kleren worden niet meer gemaakt door de textielarbeiders in onze stad en onze radio's zijn niet meer afkomstig uit een buurland. Onze tomaten komen uit Italië, onze granen uit Rusland, onze vis uit Tanzania en onze biefstuk uit Brazilië. Onze kleren komen uit Korea, onze elektronica uit China en onze fossiele brandstoffen uit het Midden-Oosten.

Het is bijna vertederend: het racisme lijkt soms alsmaar sterker te worden maar het eten op ons bord en de technologische snufjes op kantoor zorgen ervoor dat we eigenlijk allemaal constant omgeven worden door een multiculturele samenkomst van mondiale producten.

Naast vertederend is het echter ook schrijnend: het zijn immers vooral de armen die instaan voor de ontginning en productie van alles wat wij consumeren en gebruiken. Het zijn de armen die dag in dag uit zwoegen en zweten om ervoor te zorgen dat alles steeds in grote hoeveelheden en goedkoop genoeg voorradig is, terwijl ze zelden een rechtvaardig loon krijgen omdat zowel de 'grote hoeveelheden' als het 'goedkoop genoeg' daardoor in het gedrang komen.

Ontkennen heeft geen zin. Ondanks alle beloftes van onze 'economische denkers' zijn het vooral de armen die het hardst getroffen worden door de overwoekering en verwijdering van de lokale economie ten voordele van een wereldwijde op groothandel gerichte 'vrije markt'. Het zijn de armen die ervoor zorgen dat we onze verzadigingsgraad kunnen volhouden, hoewel zij nog steeds de grootste honger lijden.

Een voorbeeld: in februari 2005 trok ik door India. Ik was er op zoek naar sporen van Gandhi en draaide er een tijdje mee met VRO (Village Reconstruction Organisation), een ngo die zo'n 500 dorpen bouwde, verspreid over een aantal staten, die verschillende scholen oprichtte en vele dienstencentra opzette op het Indiase platteland.

Op zekere dag kwamen we van Sagara Sangam, een dorpje aan de zee in de buurt van de stad Nellore. Pater Michael Windey S.J., wijlen de bezieler en behoeder van VRO, toonde me de vele velden die we op de hobbelige weg met de bus passeerden en vertelde me hun eigenaardige verhaal. Het waren scampivelden en geen rijstvelden zoals ik eerst dacht. In de jaren tachtig en negentig werd de garnalenkweek immers een veel

lucratievere handel, waardoor de rijstvelden werden omgezet in waterbassins voor het kweken van scampi's.
De scampiteelt bleek, financieel gesproken, inderdaad ook meer op te brengen. Voor enkelen toch.
Vroeger werkte de hele dorpsgemeenschap aan het onderhouden van de rijstvelden. Toen de rijst was geoogst en verkocht, werden de winsten verdeeld onder de verschillende boeren die de rijst hadden helpen verbouwen. Maar daar kwam verandering in. De scampiteelt bleek immers heel wat minder arbeidsintensief, waardoor maar weinigen zich van werk konden verzekeren – afhankelijk van de banden die men had met de grondbezitters. Voor de anderen was er geen werk meer. Ook niet op andere velden, want het zeewater waarmee de bassins voor scampiteelt gevuld werden, veroorzaakte een verzilting van de omringende landbouwgrond.
Zonder werk en zonder geld kwamen de boeren in structurele armoede terecht. Ten einde raad verhuisden ze naar de reeds overbevolkte Indische steden en werden er de nieuwe aanwinst in één van de vele sloppenwijken.
Hetzelfde, zo vernam ik later, deed zich op nog veel grotere schaal voor in Thailand.
Aan de kust van Thailand bevinden zich enorme mangroves, tropische (kust)gebieden met een getij, waar bomen of struiken groeien. De scampikweek is er nog een pak evidenter. Door de getijden worden de gebieden immers regelmatig met zeewater overspoeld en ontstaan er zoute slikgronden.
Aan de Thaise kust richtte men zich vanaf de jaren tachtig dan ook massaal op scampikweek, met soortgelijke sociale gevolgen voor de

boerengemeenschappen.

Door heel wat druk vanuit ngo's en de VN probeerde men dergelijke problemen op te lossen en ervoor te zorgen dat de winsten uit de scampiteelt meer en meer naar de lokale gemeenschappen zouden gaan. Ondertussen had de scampiteelt echter voor onherstelbare schade gezorgd aan de mangroves. De bomen en struiken waren verwijderd en de biodiversiteit van de mangroves verwoest. Daarenboven bleek de intensieve scampikweek ook een hoge vervuilingsgraad met zich mee te brengen, wat dan weer nefaste gevolgen had voor de gezondheid van de lokale bevolking.

Uiteraard kan men nu opmerken dat het van heel weinig solidariteit getuigt wanneer een Indiër of een Thai besluit om over te gaan tot scampikweek en daardoor zijn omgeving op ecologisch, sociologisch en economisch vlak te vernietigen. Men kan aanvoeren dat het immoreel is dat sommigen zich niet bekommeren om het lot van de andere boeren in hun gemeenschap.

Wie deze argumenten naar voor schuift, veronderstelt echter dat de Indische en Thaise boeren een echte keuze hebben. Men gaat er van uit dat zij de akkers en het gebruik ervan in eigen handen hebben. In werkelijkheid is dat echter zelden het geval. Het zijn vooral grotere bedrijven, de werkgevers, die bepalen wat de boeren moeten kweken. Diezelfde multinationals sluiten trouwens ook overeenkomsten met de overheid over de manier waarop men met bepaalde landbouwgebieden omgaat, zodat de boeren vaak ook van overheidswege onder druk komen te staan. En uiteraard bepalen ook de onverbiddelijke marktmechanismen onrechtstreeks wat de boeren moeten kweken. De

kleine onafhankelijke Indiase of Thaise boer kan immers niet concurreren met de (lokale afdelingen van) grote westerse multinationals.
We moeten dus de verschillende schakels van de keten bekijken. En we moeten vooral kijken welke schakel we zelf zijn. Voor we de Indische boeren te weinig solidariteit verwijten, moeten we eerst nagaan hoe groot ons eigen aandeel is. Laten we met andere woorden eerst de balk uit onze eigen oog halen.
Onze westerse levensstijl is in feite de diepste oorzaak van dit trieste verhaal en wel om een bijna verbazingwekkend eenvoudige reden: de scampikweek is zo lucratief omdat deze waterdiertjes plots mode werden in de rijkere delen van de wereld. Een enorm aantal mensen in Japan, Amerika en Europa willen maar al te graag scampi's als voorgerecht presenteren op kerst- of thanksgivingdiners. De meeste mensen vinden het daarenboven maar normaal dat ze deze kleine lekkernijen op elk moment in de supermarkt kunnen vinden. Hun gevoel voor smaak en mode neemt echter zelden in overweging welk effect hun consumptie heeft op de omgeving van de boeren die het product kweken.
De band tussen ons eigen leven en dat van de Indiërs in Sagara Sangam is duidelijk: *wij eten wat zij produceren.* Zij zijn evenzeer onze buren als de boer die twee straten verder woont en ons de sla levert die we bij onze scampi's eten – als de sla al uit ons eigen land komt natuurlijk.
In onze geglobaliseerde wereld zijn de boeren in het zuiden onmiskenbaar een deel van onze levenssfeer geworden, aangezien de huidige marktmechanismen ervoor zorgen dat hun werk onze consumptie in stand houdt. Zij zijn onze naasten geworden en we staan er

dagelijks mee in contact.
Willen wij in alle eerlijkheid met onze naasten samenleven dan moeten wij ons de vraag stellen wat wij het belangrijkste vinden: scampi's op ons bord of de leefomstandigheden van Indische boeren. Proberen te ontkennen dat onze leefgewoonten geen negatieve en onrechtvaardige impact hebben op het leven van boeren in het zuiden, is immers pure hypocrisie.
En daarbij hebben we het natuurlijk niet alleen over scampi's. Er zijn duizenden economische ketens die we misschien moeilijk kunnen zien maar die ons niettemin telkens opnieuw rechtstreeks verbinden met het harde leven van boeren en arbeiders in heel wat derdewereldlanden. Over de hele wereld vindt men ecologische en economische onrechtvaardigheden die voortvloeien uit het economische behoud van onze westerse levensstijl.
Nog enkele voorbeelden: de sojateelt in Brazilië, waarvan de opbrengst dient als veevoeder voor onze vleesproductie en waarvoor men op drie jaar 70 000 km^2 ontbost (meer dan tweemaal de volledige oppervlakte van België),[45] het verdwijnen van voedselproductie door loze beloftes van zogezegd wonderbaarlijke genetisch gemodificeerde katoen, die uiteindelijk niet opbrengt wat was beloofd,[46] het dumpen van Europees gesubsidieerde voedseloverschotten in de derde wereld, waardoor de lokale marktprijzen ontwricht worden,[47] enz. Zo kunnen we nog een hele tijd verdergaan.
Maar eigenlijk weten we het wel. De armen van de wereld zijn de dupe. Niet alleen omdat zij arm zijn, maar omdat de rijken hun armoede telkens opnieuw misbruiken om hen nog verder uit te buiten.
En die rijken, dat zijn wij.

Niet dat wij de armen in het zuiden willens nillens uitbuiten, maar we leven en werken in een economisch systeem dat erop gericht is onze standaard zoveel mogelijk in stand te houden. En we doen zelden iets om dat systeem te corrigeren. We vinden het normaal dat we al onze luxebehoeftes kunnen voldoen en dat de meesten onder ons er zelden over nadenken wat de impact daarvan is op anderen.

Dat plaatst ons voor een onoverkomelijk moreel probleem. Als we werkelijk onze naasten zouden beminnen, dan zouden we de omstandigheden van de armen willen verbeteren en ervoor willen zorgen dat iedereen bepaalde basisbenodigdheden kan verkrijgen.
Mochten we werkelijk onze naasten beminnen, dan zouden we op zijn minst nalaten die dingen te doen of die producten te consumeren waarvan we weten dat ze het leven van anderen nodeloos verwoesten. Maar het lijkt erop dat onze liefde voor onze naasten veelal meer een zaak is van surrealistisch idealisme dan van werkelijke daden.
De liefde van vele westerlingen bestaat erin te denken dat het heel mooi zou zijn als iedereen evenveel kon hebben als zijzelf. De liefde van de westerlingen komt dus voort uit het naïeve vooruitgangsidee dat de economische en technologische groei uiteindelijk iedereen ten goede zal komen.
Als hypothese klinkt het goed: dezelfde (westerse) welvaart voor iedereen. Het lijkt in elk geval rechtvaardig. Alleen is het jammer genoeg onmogelijk. Onze levensstijl kan immers niet worden overgenomen door alle armen, want het gaat ondertussen over miljarden mensen. Mochten ze allen consumeren zoals

wij dat in het westen doen, dan zou onze wereld geen lang leven beschoren zijn. Het is ondertussen dan ook door velen geweten: als elke persoon op aarde zou leven zoals de gemiddelde westerling, dan zouden we ongeveer 4 à 5 planeten nodig hebben.
Zelfs als het om doemdenken gaat en de cijfers enigszins overdreven worden, dan nog is er in alle realiteit geen ontkomen aan: er zijn niet genoeg grondstoffen op deze wereld om iedereen te laten consumeren volgens hetzelfde consumptiepatroon als dat van de gemiddelde Belg, Zweed of Amerikaan. Ondertussen horen daar trouwens ook de rijke Indiërs en Chinezen bij die de westerse levenswijze in een razend tempo wil overnemen, wat het probleem alleen maar groter maakt.
Oprechte naastenliefde kan m.a.w. nooit eenvoudigweg betekenen dat we, 'sympathiek en empathisch als we zijn', graag 'willen' dat alle armen een leven kunnen leiden zoals wij. Echte naastenliefde kan niet inhouden dat we de armen simpelweg 'toelaten' te leven zoals wij dat op dit moment doen.
Een echte liefde, die werkelijk een mogelijke wereld wil voor *allen*, kan immers niet blind blijven voor de heel eenvoudige waarheid die ooit zo kernachtig door Gandhi werd geformuleerd: "Er is genoeg op aarde voor ieders nood, niet voor ieders hebzucht."

Er is dan ook maar één liefde die van enige waarde kan zijn: zelfgevende liefde.
We moeten bereid zijn af te geven. We moeten niet alleen de armen 'toelaten' meer te hebben, we moeten zelf ook tevreden zijn met minder.
Tolstoy schreef ooit: "De mensen komen steeds met de

meest ingenieuze en grootse oplossingen aandraven voor hun problemen, behalve deze ene: ophouden met datgene te doen wat de problemen veroorzaakt."
Nochtans ligt die oplossing voor de hand in een spiritueel leven. Indien God Liefde is en we pretenderen ons te richten op Liefde, dan wordt het onmogelijk vast te houden aan een systeem dat op allerlei manieren de situatie van de armen er alleen maar erger op maakt. De enige oplossing is om ons zoveel mogelijk te ontdoen van die zaken die anderen onderdrukken, zelfs als dat betekent dat we ons moeten ontdoen van een aantal zaken die we eigenlijk niet graag opgeven.
Ik vermoed dat het zo eigenlijk vanzelf wel duidelijk wordt hoe vasten een impact kan hebben op de onrechtvaardigheid van onze hedendaagse 'global village'. Vasten, zo werd ondertussen al duidelijk uiteengezet, is het leren opgeven van datgene wat we niet echt nodig hebben.
Vasten als zelfreflectie kan ons helpen om te zoeken naar onze socio-economische hypocrisie en vasten als religieuze 'training' kan ons helpen om deze hypocrisie te overwinnen en ons aanleren om luxes op te geven. Vasten kan dus helpen om ons te ontdoen van die zaken in ons leven die socio-economische onrechtvaardigheid in stand houden of die onze naasten geweld aandoen.

Daarmee wil ik natuurlijk niet zeggen dat we altijd en overal zouden moeten vasten en onszelf constant alles moeten ontzeggen. Dat zou immers haaks staan op Jezus' woorden. Jezus verwachtte van zijn leerlingen niet dat ze onafgebroken een radicaal ascetische

De dimensies van het vasten

levenswijze aannamen zoals de leerlingen van Johannes. Hij verwachtte echter wel dat ze volgens Gods Geest zouden leven en vasten was een middel om die Geest terug wakker te maken in het eigen dagelijkse leven.

Niet het vasten moet daarom onafgebroken worden doorgezet, maar wel de geest erachter. De spiritualiteit van het vasten moet een integraal deel worden van onze dagelijkse mentaliteit.

De essentie van het vasten is immers niet zozeer dat we ons bepaalde zaken zoveel mogelijk onthouden – want dan was vasten louter een fysieke techniek – maar wel dat we door te vasten een meer solide spiritualiteit in ons leven verankeren.

Vasten als economische bevrijding is dus geen oproep tot ononderbroken letterlijk vasten maar wel een oproep tot een 'vastenattitude' van leren leven met minder.

Oprechte en diepgaande vastenperiodes inbouwen in ons leven is natuurlijk wel de enige mogelijkheid om zo'n attitude te creëren. Het werkelijke vasten zal onze mentaliteit versterken. Het zal ervoor zorgen dat de spiritualiteit van het vasten in ons denken wordt geïntegreerd.

Het concrete vasten leert ons tijdens een goed afgelijnde periode leven met minder. En als we dat besef na de vastenperiode kunnen doortrekken in ons dagelijks leven, dan zullen we in staat zijn om die elementen weg te laten waarvan we weten dat hun negatieve impact op onze dichte of verre naasten te groot is.

Leven met minder is echter niet het hele verhaal. Een echte spiritualiteit van het vasten zal nog een stap verdergaan want anders zullen wij alleen 'het foute' nalaten om zo ons geweten wit te wassen.

Zelfgave is en blijft nu eenmaal de kern van de spiritualiteit van het vasten. Het is dus goed dat vasten ons leert met minder te doen, maar wat we minderen moeten we ook aan de noodlijdenden geven. Als we echt willen helpen, zullen we niet alleen van onze overtollige luxes moeten afzien maar ook dingen leren afstaan die voor anderen noodzakelijk zijn.

Een eenzijdige boycot tegen kinderarbeid bijvoorbeeld, kan soms meer schade doen dan goed. Als de kinderen zo hun werk verliezen omdat wij de producten niet meer kopen, dan vervallen zij en hun familie in nog grotere armoede. Als we niet bereid zijn de kinderen ook te steunen, zijn zo'n boycots gevaarlijk. Ons geweten sussen zonder ook werkelijk de anderen te willen helpen is hypocriet.

Ons vasten mag niet opnieuw iets worden dat enkel onszelf beter maakt. Als we vanuit onze spiritualiteit leren om het met minder te doen dan moet dat leiden tot een spiritualiteit die ons ook meer leert geven aan zij die te weinig hebben.

De leegte die vasten creëert kan immers worden gevuld door liefde – zowel door liefde voor God als door naastenliefde.

Die liefde zal ons uiteindelijk tonen dat we niet echt nood hebben aan zaken die het leven van anderen verwoesten. Die liefde zal ons tonen dat het absurd is om onze drang naar luxe te blijven volgen als die anderen in onmenselijke armoede duwt. En die liefde zal ons in staat stellen om vanuit een verkleinde nood uiteindelijk meer van onszelf af te geven – zowel tijd en inzet als geld en bezittingen – om de armen werkelijk te helpen.

In ons eigen concrete leven kunnen we dit immers ook zonder problemen toepassen. Bijvoorbeeld: niet alleen de scampi's als voorgerecht op het nieuwjaarsdiner achterwege laten, maar ook de wat duurdere producten van de fair trade winkel kopen. Bijvoorbeeld: niet vier keer per week vlees eten van dieren die vetgemest werden met genetisch gemanipuleerde soja maar groenten uit de biowinkel. Bijvoorbeeld: niet alleen zich inhouden om goedkope kleren gemaakt door kinderarbeid te kopen maar ook een gift geven aan organisaties die zich bezighouden met rurale ontwikkeling in het zuiden.

Het kan werkelijk zo eenvoudig zijn. De enige moeilijkheid is dat we *al* die kleine dingetjes in ons leven op dezelfde manier moeten aanpassen. Het kost veel tijd en moeite om ze op het spoor te komen en te veranderen. Maar zolang we dat niet op zijn minst blijven proberen, zijn we hypocrieten, want onze manier van leven benadeelt de armen.

Zo wordt de volledige draagwijdte van vasten als economische bevrijding duidelijk. Het gaat om een spiritualiteit van het vasten die op zo'n manier met ons dagdagelijkse leven verstrengelt dat we niet alleen socio-economische onrechtvaardigheid gaan doorbreken maar het evenwicht ook proberen te herstellen. En dat telkens opnieuw door een concrete toepassing van bepaalde kleine elementen die, ondanks hun kleinheid, toch directe gevolgen hebben.

Vanuit een spiritualiteit van het vasten hoeven we onszelf niet voor te liegen: het zijn niet alleen de rijken en machtigen die iets aan de armoede en

onrechtvaardigheid in de wereld kunnen doen. Iedereen stelt op zijn of haar niveau bepaalde handelingen die een zekere impact hebben op onze naasten en iedereen kan beslissen om enkele handelingen te corrigeren.
Een spiritualiteit van het vasten is dan ook de poging om in ons eigen 'gewone' leven aan de mammon te weerstaan. De mammon is immers niet enkel de god van geld. De mammon is de god van bezitterigheid en van het steeds meer en meer willen. De mammon is de god van kortzichtig materialisme. Het is de god van het ontkennen welk effect onze begeerte naar luxe heeft op noodlijdenden.

De mammon zal natuurlijk ook op een hoger maatschappelijk niveau moeten worden aangepakt. De spiritualiteit van het vasten doet een beroep op elk individu maar zal uiteindelijk verspreid moeten worden en op grotere schaal ingang moeten vinden om de hierboven besproken problemen ook daadwerkelijk de wereld uit te helpen.
Jammer genoeg is een spiritualiteit van het vasten niet onmiddellijk de spiritualiteit waartoe de meerderheid zich in eerste instantie aangetrokken voelt. De spiritualiteit van het vasten wordt meestal smalend genegeerd, als naïef bestempeld, als onmogelijk beschouwd of gewoonweg niet als optie gezien.
Vasten en leven met minder past voor velen immers niet in het plaatje van werken en leven in deze tijd. We willen allemaal de laatste nieuwe technologische snufjes, we willen een goedbetaalde job in de week en we willen feesten in het weekend. We willen veel speelgoed voor onze kinderen, we willen overal kunnen surfen op het net, we willen in onze vakantie de hele wereld

De dimensies van het vasten

rondvliegen en we willen nog duizenden andere dingen, soms zelfs dingen die er nu nog niet zijn.
Het *willen* drijft ons steeds verder. Het uitzicht op het bereiken van datgene wat we constant *willen*, lijkt ons leven betekenis te geven. Het invullen van het *willen* lijkt ons voldoening te schenken.
In een maatschappij waar de verheerlijking van ons willen centraal staat, houden we steeds minder rekening met de nood van onze naasten, hollen we onszelf achterna en vergeten we af en toe terug diep in onze ziel te kijken.
Gandhi beschreef dit in één van zijn visionaire momenten:

> De mensen die in de zotte haast van vandaag hun willetjes en grilletjes zonder bezinning constant doen toenemen, veronderstellen zelf dat zij hun belangrijkheid en echte kennis vergroten. Maar er zal een dag komen waarop zij zullen roepen: "Waar waren we mee bezig?" De één na de andere zijn beschavingen opgekomen, hebben ze gebloeid, verzwakten ze en zijn ze verdwenen en ondanks hun gestoef over menselijke vooruitgang ben ik geneigd te vragen: met welk doel was dat allemaal? Darwins tijdgenoot Wallace heeft gezegd dat de verschillende ontdekkingen en uitvindingen in de laatste vijftig jaar de morele hoogte van het mensdom met nog geen centimeter hebben vergroot. Tolstoy zei hetzelfde. Jezus, Boeddha en de profeet Mohammed hebben allemaal hetzelfde gezegd.[48]

Ik vermoed dat de dag inderdaad gekomen is waarop

we uitroepen: "Waarmee waren en zijn we in godsnaam bezig?" Een op hol geslagen klimaat, uitputting van grondstoffen, immense economische onevenwichten met daaruit voortvloeiende oorlogen, extreme onrechtvaardige armoede, enz. Het stapelt zich allemaal op. Stilaan verwoesten we onszelf omdat we niet in staat zijn het met minder te doen en te geven aan wie er nood aan heeft. De zotte haast van onze tijd heeft ons ingehaald en zal ons doen struikelen.

"Er komt een dag dat de bruidegom bij hen wordt weggehaald, en dan is het hun tijd om te vasten."[49] zei Jezus. Welnu, ik denk dat de tijd gekomen is om ons af te vragen of we Gods Geest wel niet heel ver hebben weggeduwd uit onze huidige samenleving. In een tijd waarin onze interactie met de schepping en de menselijke samenleving gevuld is met immense onevenwichten, wordt het immers behoorlijk onmogelijk nog te geloven dat onze handelingen in overeenstemming zijn met een God die harmonie, vrede en eenheid is.

We hebben Godgerichtheid en naastenliefde achterwege gelaten om zelfvoldoening en zelfvergroting in de plaats te stellen. Het wordt dus tijd dat de spiritualiteit van het vasten een maatschappelijke spiritualiteit wordt of toch op zijn minst zorgt voor een omwenteling van de morele onderstroom van onze samenleving.

Er is nood aan nieuwe wijnzakken. Als we de wereldwijde problemen willen oplossen door oude stukken stof – imperialistische, kolonialistische en militaire oplossingen – op onze wijnzakken te bevestigen, zullen die uiteindelijk toch barsten.

Er is nood aan een nieuwe levenswijze. Onze liefde voor de wereld en onze naasten moet worden omgezet

De dimensies van het vasten

in duurzame oplossingen. En die kunnen worden gedragen door een spiritualiteit van het vasten.

Ik kan er echter niet genoeg op hameren: een spiritualiteit van het vasten wordt niet doorgegeven met woorden, maar wel door daden. En dat niet alleen door concreet met minder te leven maar ook door af en toe werkelijk en diepgaand te vasten.

Verbondenheid

Als de spiritualiteit van het vasten een maatschappelijk fenomeen moet worden, moeten verschillende individuen en groepen erdoor met elkaar kunnen worden verbonden. En dat is ook mogelijk.
Vooral de ramadan kan dienen als een voorbeeld van de manier waarop vasten de sociale cohesie van een enorme groep mensen kan versterken. Elk jaar opnieuw verbinden miljoenen moslims zich met elkaar. Verspreid over de hele wereld houdt de gehele geloofsgemeenschap zich in dezelfde periode aan dezelfde rituele regels. Weinig tot niets anders kan een dergelijk voorbeeld van eenheid tussen zo'n grote en gevarieerde groep mensen bewerkstelligen.

De verbondenheid die een vasten opwekt, kan echter verder gaan dan de sociale cohesie binnen de eigen groep. Het kan ook een hechtere band creëren tussen verschillende gemeenschappen.
In de meeste culturen en religies kent men immers bepaalde vormen van vasten waardoor het als spirituele praktijk enorme mogelijkheden biedt om bruggen te slaan tussen verschillende groepen.
Dat had Gandhi maar al te goed begrepen. Hoewel zijn vasten in Calcutta en Delhi erop gericht was om de hindoes aan te manen het geweld te staken, wist hij natuurlijk dat zijn vasten ook de harten van moslims kon raken. De moslimgemeenschap was evenmin ongevoelig voor het vasten van de Mahatma want ook

De dimensies van het vasten

zij begrepen de spirituele betekenis ervan.

Het stemt ons tot nadenken. Als het vasten van één man inderdaad een brug kan slaan tussen verschillende religieuze gemeenschappen die vastzitten in een gepolariseerd conflict, wat zou er dan gebeuren in bepaalde conflicten en situaties indien een grote groep satyagrahis zou vasten? Wat zou er gebeuren wanneer een menigte vasters hun vasten als een spiritueel teken gebruikt in een verharde tweespalt.

Beeld je bijvoorbeeld eens in wat er zou gebeuren als alle joden in Israël in een oprechte poging om vrede te vinden in hun eeuwigdurende economische, nationalistische en religieuze strijd in het Midden-Oosten plotseling samen met de Palestijnen de ramadan zouden volgen? Of beeld je in wat er zou gebeuren als de Palestijnen massaal zouden meevasten op Yom Kippur? Of beeld je in wat er zou gebeuren als honderden Pakistanen samen met hindoes een chaturmas zouden vasten in Kasjmir?

Laten we heel even doen alsof dit geen naïeve ideeën zijn. Laten we heel even doen alsof we inderdaad een paar duizenden mensen van alle kampen samen aan het vasten zouden krijgen. Wat zouden zo'n vastenacties teweeg kunnen brengen? Wereldwijde aandacht is in elk geval verzekerd.

Dergelijke voorstellen zitten echter gevangen in het hypothetische. Het idee is misschien mooi, maar het lijkt weinig haalbaar of realistisch.

Nochtans zijn het niet zonder meer dwaze en onmogelijke voorstellen. Praktisch gesproken is er alvast geen probleem. Er zijn genoeg moderne communicatiemogelijkheden om iedereen van het initiatief op de hoogte te brengen, het vasten op zich

kost geen cent, het dagelijkse economische leven kan zonder problemen doorgaan want iedereen kan blijven werken tijdens een vastenperiode zoals de ramadan of Yom Kippur en geen enkele religieuze traditie verbiedt om samen met mensen uit een andere traditie te vasten.
En toch is het onmogelijk want we weten natuurlijk ook dat we waarschijnlijk nooit genoeg mensen zouden vinden die aan dergelijke vastenacties zouden deelnemen – in geen enkele partij. Of toch nooit genoeg mensen om een dergelijke actie zo groot te maken dat het voldoende nieuwswaarde krijgt.
Daar zijn allerhande redenen voor. Trauma's, historische wrevel, onbegrip, angst voor de sociale omgeving of pure onwil, ze kunnen er allemaal voor zorgen dat er maar weinigen bereid zijn om te vasten met 'de tegenstander'.
In alle partijen bevinden zich natuurlijk ook heel wat kleinere groepen die wel degelijk vrede willen maar naar hen worden zelden geluisterd. De meerderheid van de verschillende partijen debatteert liever over wat *zij* willen en over wat *hun* verwachtingen zijn om het probleem op te lossen in *hun* voordeel in plaats van in te stemmen met mogelijke daden die gericht zijn op vrede. En daarmee verschillen Israël-Palestina en India-Kashmir-Pakistan weinig van de meeste andere conflicten in de wereld.
Het is dan ook een harde waarheid: Om welke reden dan ook, politiek gezien verkiest men uiteindelijk vaak toch het geweld. Niet omdat er geen andere uitweg is maar omdat men de eigen pijn en de eigen verwachtingen niet kan loslaten zodat men de andere mogelijkheid eigenlijk niet *wil* proberen.

De dimensies van het vasten

Maar laten we opnieuw eerst naar onszelf kijken. We kunnen ons immers afvragen of wijzelf wel steeds bereid zijn de 'andere mogelijkheden' uit te proberen.

In mijn eigen land, België, bijvoorbeeld, zijn er weliswaar geen oorlogen en geen enorme spanningen tussen verschillende bevolkingsgroepen en zelfs als die er zijn, komt het zelden tot openlijke agressie, maar het geweld is zeker niet verdwenen. Integendeel. Racisme bijvoorbeeld, een onderhuidse, venijnige vorm van sociaal geweld, is wel degelijk sterk aanwezig. De laatste jaren lijkt die zelfs sterk toe te nemen, vooral ten opzichte van de moslimgemeenschap.

De islam wordt alsmaar vaker afgeschilderd als een primitieve godsdienst en moslims worden alsmaar meer afgedaan als mensen die zich niet willen integreren. Men verwijt hen culturele onaangepastheid, men verdenkt ze van groter crimineel gedrag en men stelt ze verantwoordelijk voor de financiële problemen van de staat.

Migratie is een complex thema dat grote omzichtigheid vraagt maar vandaag de dag reduceert men het publieke debat erover tot de (on)mogelijkheid om samen te leven met moslims. Dat toont zich nog het meest in het feit dat het debat rond migratie en integratie vaak gedomineerd wordt door heel specifieke elementen zoals het al dan niet dragen van een hoofddoek.

Dat alles duwt de moslimgemeenschap natuurlijk in de verdediging. De moslimsgemeenschap gebruikt religie tegelijkertijd als wapen en als schild en probeert ternauwernood haar eigen identiteit te vrijwaren. Ze benadrukt de bekritiseerde elementen zoals de hoofddoek juist nog sterker en in vele maatschappelijke discussies geeft ze net extra veel aandacht aan haar religieuze overtuiging en haar recht daarop.

Het gevolg is een steeds verdere scheiding in twee kampen: wij het 'seculiere westen' en zij de 'religieuze moslims'. Wij 'de goeie' en zij 'het gevaar'.

Dit nieuwe fenomeen van cultureel racisme grijpt overal om zich heen: in de politiek, in de media, op de werkvloer, op school of gewoon in de wijk, overal kan het racisme de kop op steken.

Velen beseffen dat het een schrijnende evolutie is, maar weinigen denken dat ze er iets aan kunnen doen. We vinden het natuurlijk een spijtig fenomeen maar we voelen ons machteloos. Racisme lijkt te ongrijpbaar. De enige oplossing die we kunnen bedenken, is onze eigen vooroordelen te doorbreken en in ons eigen werk, onze eigen school of in onze eigen wijk niet aan racisme toe te geven.

Nochtans zijn er wel degelijk mogelijkheden om de verschillende groepen tot grotere verbondenheid te brengen. En vasten is zo'n mogelijkheid.

Veronderstel bijvoorbeeld heel even dat er in je buurt een school is waarin zich al enkele racistische voorvallen hebben voorgedaan tussen leerlingen. Veronderstel dat zowel de moslimgroep als het groepje niet-moslims hun eigen aandeel hebben in het conflict en dat, zoals dat meestal gaat, niemand nog weet hoe het allemaal begon of wie op welke manier de anderen precies heeft gekwetst. Veronderstel dus dat er spanningen zijn en dat die spanningen beide groepen alsmaar meer uit elkaar duwen, zodat moslimjongeren alsmaar meer op zichzelf komen te staan.

En veronderstel vervolgens dat een bepaalde leerkracht plots een idee heeft na het lezen van een boek over Gandhi's leven. Hij vat namelijk het plan op om enkele

De dimensies van het vasten

klassen te overhalen samen met de moslimjongeren gedurende de hele ramadan mee te vasten.

Hoe zouden de moslims zich voelen wanneer ze zien dat een hele groep leerlingen hun geloof niet slechts 'respecteert' of 'tolereert' maar ook bereid is er in zekere mate in mee te stappen?

Hoe zouden leerlingen met sterk racistische neigingen en aversie jegens de islam naar een dergelijk gebeuren kijken? Wat zouden ze denken als ze zien dat 'hun eigen groep' zoiets doet?

En wat zouden de leerlingen die samen vasten, ervaren? Welke band zou het tussen hen smeden?

Ik laat de vragen open. Ze hoeven geen antwoord. Ze willen enkel in vraag stellen of we de meest evidente mogelijkheden om tot grotere verbondenheid te komen soms niet over het hoofd zien.

Men kan zich afvragen waarom een dergelijke solidariteitsactie, ook als die losstaat van één of andere racistische problematiek op school, zelden tot nooit wordt ondernomen. Er hoeft immers helemaal geen conflict te zijn om het uit te voeren. Meer nog, aangezien op heel wat scholen solidariteitsacties worden gehouden, zou een dergelijke vastenperiode tot de mogelijkheden kunnen behoren. Het kost geen geld, het is een duidelijk symbool, het verbindt culturen op een evidente wijze en het geeft de leerlingen een andere kijk op een maatschappelijk relevante kwestie. Toch gebeurt het niet.

Zou het kunnen dat niet eten tussen zonsopgang en zonsondergang plots teveel is om op te geven? Zou het kunnen dat we niet bereid zijn luxes op te geven omwille van een ander? Zou het kunnen dat het

probleem is dat het om zelfgave vraagt?
De manier waarop huidige vastenacties worden opgezet doet dat alleszins vermoeden. Wie nagaat hoe men op christelijke scholen de christelijke vastenperiode vandaag de dag invult, merkt immers dat het element van werkelijk vasten meer en meer eruit wordt gehaald. In plaats daarvan houdt men geldinzamelingen voor een goed doel. Door allerhande solidariteitsacties slagen sommige groepen of scholen er dikwijls in enorme sommen op te halen voor projecten in landen waar de leerlingen zelf waarschijnlijk nooit een voet zullen zetten.
Op zich is dat natuurlijk niet verkeerd. Het eigenaardige van dergelijke acties is alleen dat het voor de leerlingen niet betekent dat zij leren leven met minder en hun overschotten leren afstaan maar dat ze net bij andere mensen op zoek gaan naar inkomsten voor het goede doel.
Het ophopen van geld en het verkrijgen van extra middelen – zelfs al is het dan voor het goede doel – blijken dus ook tijdens christelijke vastenacties opnieuw het gemakkelijkste. Zo krijgen heel wat jongeren telkens opnieuw aangeleerd dat het probleem eigenlijk niets met hen te maken heeft en dat de oplossing er structureel op neer komt om ergens extra fondsen te zoeken die men dan kan doorsluizen naar landen waar er nood aan is. Dat is wel een heel enge en kortzichtige invulling van hulp aan de armen.
Ik vrees dat het uiteindelijk niets betekent wanneer we een miljoen euro verzamelen voor de armen in de derde wereld als we ook niet in ons eigen leven een mentaliteitswijziging teweegbrengen, want de eigenlijke problemen worden anders niet aangepakt.

De dimensies van het vasten

Wat zou het uitmaken als we geld geven aan de moslimgemeenschap in ons land maar nooit het latente racisme wegwerken en er daardoor voor zorgen dat moslims telkens opnieuw omwille van hun naam of huidskleur geen werk vinden? Wat zou het uitmaken om duizenden vrachtwagens met medicijnen naar de gewonden in Israël of Palestina te sturen als niemand ook werkelijk de wil tot vrede versterkt en men zo de evidentie van oorlog in stand blijft houden?

Het conflict in Israël-Palestina verschilt uiteindelijk dan ook niet zo heel veel van de conflicten in een land zoals België, want het latente racisme is een even groot vergif als de blijvende wens tot agressie en wraak. In beide situaties gaat het om exact dezelfde tekortkoming: een gebrek aan wil en inspanning, veroorzaakt door een gebrek aan oprechte (naasten)liefde. Met andere woorden: een gebrek aan God in ons leven.

Dat is meteen waarom Gandhi geen ongelijk had toen hij zei dat oorlog niets meer of minder is dan hooliganisme op nationale schaal.

Maar het maakte Gandhi niet uit of het nu ging om hooliganisme, oorlog, of racisme, zijn antwoord was telkens hetzelfde: de cirkel van geweld doorbreken met liefde en zelfgave.

Hij had immers begrepen dat de versplintering die geweld teweegbrengt nooit zal worden tegengehouden door meer geweld. Geweld kan men enkel tot staan brengen door een oprechte poging om eenheid te creëren. En vasten kan in bepaalde gevallen zo'n oprechte poging zijn.

Of het nu in een klein dorpje is aan de rand van de beschaving of in één van de grootste steden, zelfgave en vasten zijn *altijd* een mogelijkheid. Men moet alleen bereid zijn om het te doen. Vasten en zelfgave zullen *altijd* een optie zijn om versteende harten te doorbreken. Men moet alleen bereid zijn erin te geloven.

Sociale actie en geweldloos verzet

Hoe vasten gebruikt kan worden als een 'wapen' van geweldloos verzet werd op onweerlegbare wijze duidelijk gemaakt in het leven van Mahatma Gandhi. Gandhi's vasten mag weliswaar nooit herleid worden tot een louter politiek middel maar we moeten natuurlijk ook niet ontkennen dat zijn spiritualiteit zich uiteindelijk kristalliseerde in zijn vastenacties, die in staat waren een halt toe te roepen aan het geweld, zonder dat Gandhi zelf het minste geweld gebruikte.
Toch stellen velen in vraag of zijn vastenacties wel zo geweldloos waren. Ze zien zijn vasten als een vorm van emotionele dwang of morele chantage.
We hoeven het ook niet te ontkennen. Het gevaar bestaat inderdaad dat een vasten als geweldloze actie op die manier wordt gebruikt.
Ik maakte echter reeds duidelijk dat het vasten als een vorm van geweldloos verzet volgens Gandhi enkel gebruikt mag worden 'tegen' diegenen die men liefheeft en dat het enkel onzelfzuchtige doeleinden mag dienen.
Een vasten mag dus nooit louter een drukmiddel zijn. Een vasten die enkel als drukmiddel wordt gebruikt, holt het concept uit en maakt het tot een onaanvaardbare en zelfs gewelddadige actie.
Gandhi wist dat heel goed maar dat betekende voor hem niet dat hij deze dimensie van het vasten wou opgeven. Integendeel.
Het is dan ook goed om hem op dit cruciaal punt zelf aan het woord te laten:

"De bedenking dat vasten als een dwangmiddel zou kunnen gebruikt worden snijdt niet echt aan de wortel van het vasten. Het toont enkel dat er een grote nood is aan voorzichtigheid en dat er speciale kwalificaties nodig zijn voor diegenen die vasten zouden willen gebruiken als een methode van hervorming of voor het bewerkstelligen van rechtvaardigheid.

In elk onderzoek van het moreel gedrag is intentie het hoofdingrediënt. Bezorgd om de moraliteit van mijn acties, stelde ik duidelijk dat de intentie achter vasten geenszins is om druk of dwang uit te oefenen. Men mag zich niet laten afleiden van het juiste pad door vrees voor mogelijke ongewilde gevolgen. Als men zich daardoor liet afschrikken zou men kunnen aantonen dat geen enkele grote actie zou kunnen worden ondernomen.

Het is mijn stellige overtuiging dat het algemeen resultaat van mijn talrijke vastenacties zonder twijfel voordelig was. Ze zorgden er stuk voor stuk voor dat het geweten van de personen waarrond de vasten draaide, werd aangewakkerd en zich liet beïnvloeden door die vastenacties. Ik ben me niet bewust van enig onrecht dat zich zou hebben voorgedaan in die vastenperiodes.

Ik denk dat het woord dwang dan ook misplaatst zou zijn om de invloed aan te duiden van die vastenacties. Dwang betekent een kwetsende kracht die gebruikt wordt tegen een persoon van wie verwacht wordt dat hij iets zou doen dat verlangd wordt door de gebruiker van de kracht. In het vasten dat hier ter sprake wordt gebracht was de kracht enkel op mijzelf gericht. De kracht van 'zelf-lijden' of versterving kan toch zeker niet in dezelfde categorie geplaatst worden als de kracht van het lijden dat wordt aangedaan aan de partij die men wenst te beïnvloeden. Indien ik dus vast om het geweten van een dwalende vriend, wiens fout buiten twijfel staat, wakker te schudden, oefen ik geen dwang uit in de normale zin van het woord.

Men denkt dat er soorten van vasten bestaan die geen 'dwingend effect' hebben. Maar indien de uitdrukking 'dwangeffect' met recht en reden inzake mijn vasten gebruikt kan worden, dan kan in die zin van alle vasten worden aangetoond dat het in meer of mindere mate dat effect heeft. Het is nu eenmaal zo dat alle spirituele vasten een invloed heeft op diegenen die binnen de zone van die invloed komen. Dat is waarom spiritueel vasten beschreven wordt als tapas.* En alle tapas zal zonder uitzondering een zuiverende invloed uitoefenen op diegenen voor wie het wordt gedaan.

Natuurlijk wil ik hiermee niet ontkennen dat vastenacties dwangmatig kunnen zijn. Dat zijn vastenacties voor egoïstische doeleinden. Een vasten die wordt gedaan om geld van een persoon te verkrijgen of om enig ander soortgelijk persoonlijk doel te bereiken zou gelijk te stellen zijn met de uitoefening van dwang of onrechtvaardige beïnvloeding. Ik zou zonder twijfelen voorstander zijn van het weerstaan aan zo'n onrechtvaardige beïnvloeding. Ik heb het zelf succesvol weerstaan in de vastenacties die werden ondernomen om mij te bedreigen. En indien geargumenteerd wordt dat het onderscheid tussen een egoïstisch en een

---

* Tapas betekent in het Sanskriet 'hitte'. In het hindoeïsme wordt het figuurlijk gebruikt als een 'vurig proces' van spiritueel lijden, versterving, boete en ascese. Het betekent daarom ook de spirituele extase van de spirituele zoeker die de onzuiverheden van het ego 'verbrandt'.

onegoïstisch doel vaak heel dun is, dan zou ik de persoon die het doel van een bepaalde vasten als egoïstisch beschouwt, aanraden om resoluut te weigeren eraan toe te geven – zelfs indien dit de dood van de vastende persoon tot gevolg zou hebben. Indien de mensen de gewoonte cultiveren van vasten dat volgens hen gedaan wordt omwille van onwaardige doeleinden te negeren, zal zo'n vasten ontdaan worden van de bezoedeling van dwang en onrechtvaardige beïnvloeding.
Net zoals alle menselijke handelingen kan vasten zowel rechtmatig als onrechtmatig worden gebruikt. Maar als een groot wapen in het arsenaal van satyagraha kan het niet worden opgegeven omwille van het mogelijke misbruik. Satyagraha is ontworpen als een effectieve vervanging voor geweld. Dit gebruik staat nog steeds in zijn kinderschoenen en is als zodanig nog niet geperfectioneerd. Maar als de auteur van moderne satyagraha kan ik geen enkele van zijn vele mogelijke gebruiken opgeven zonder ook af te zien van de bewering dat ik ermee om ga in de geest van een nederige zoeker."[50]

Gandhi ontkent dus hoegenaamd niet dat men op een foute en gewelddadige manier kan vasten, maar dat betekent voor hem alleen dat men goed moet opletten dat men op een correcte manier vast en dat men de juiste spiritualiteit bewaart.
Heel wat hedendaagse vastenacties die gedaan worden om bepaalde persoonlijke rechten, verblijfsvergunningen of geldsommen te krijgen, zijn dan ook compleet ongandhiaans en in die gevallen kunnen we maar beter Gandhi's raad opvolgen door heel eenvoudig

niet aan dergelijke acties toe te geven, hoe schrijnend de problematiek soms ook mag zijn.

Het is natuurlijk wel heel wat anders als bepaalde burgers vasten om hun eigen regering aan te klagen wanneer die niet de moeite neemt om bepaalde gevallen van asielaanvragen tijdig en correct te beantwoorden of wanneer politici vasten om de rechten van bepaalde minoriteiten, waartoe zij zelf niet behoren, te vrijwaren.

Vasten voor rechtvaardigheid verschilt nu eenmaal van vasten voor eigenbelang. En als dat soms een dunne lijn lijkt, dan kunnen we steeds terugvallen op dat ene steeds terugkerende aspect van de spiritualiteit van het vasten: rigoureuze zelfreflectie en liefdevolle Godfocus.

Het zal bovenal zelfreflectie zijn die er steeds voor moet zorgen dat een vasten niet onrechtvaardig wordt gehanteerd. Door constante zelfreflectie moet men nagaan of men nog steeds de juiste intentie heeft, of men niet afwijkt naar meer egoïstische doelstellingen en of men het nog steeds uit liefde doet. De Godfocus zal ervoor zorgen dat men tijdens het vasten steeds opnieuw grotere verbondenheid op het oog heeft en dat de vasten blijvend gericht is op uitzuivering – zowel van het geweten van de ander als van de eigen ziel.

Deze wakende rol van zelfreflectie en Godfocus is natuurlijk niet enkel op vasten toepasselijk. Het geldt evenzeer voor heel wat andere menselijke gebruiken. Zelfs een kus, zo weten we uit Judas' historische voorbeeld, kan een daad van geweld worden als de Godgerichtheid verdwijnt en de egogerichtheid de overhand neemt. Sommige daden of acties vragen daarenboven om extra aandacht – en daar is een vasten die wordt gebruikt als geweldloos verzet er één van. In zo'n vastenactie moet elk aspect van de vasten dan ook steeds heel voorzichtig worden afgewogen.

Niettemin, zoals Gandhi het zelf ook duidelijk maakt, een aansporing tot voorzichtigheid mag er niet toe leiden dat men de mogelijkheid van vasten als geweldloos wapen uitsluit. We moeten dit soort vasten niet achterwege laten enkel en alleen omdat er een aantal risico's aan verbonden zijn, want ondanks de risico's zijn er in heel wat verschillende contexten genoeg mogelijkheden om vasten daadwerkelijk als een geweldloos actiemiddel te gebruiken.

Gandhi's tijd en maatschappij waren zeker niet de enige contexten waarin vasten als succesvolle satyagraha toegepast kon worden en Gandhi was zeker niet de enige persoon die in staat was om dergelijke vastenacties in zuiverheid te volbrengen.

Angst mag ons niet verlammen op de weg naar rechtvaardigheid.

Solidariteit

De Italiaanse Lanza del Vasto trok op 35-jarige leeftijd naar India en verbleef er maandenlang in Gandhi's ashram. Toen hij terugkwam uit India, stichtte hij in Zuid-Frankrijk de communauteit van de Ark, een gemeenschap die steeds vanuit Gandhiaanse principes leefde en die tot op vandaag bestaat.
De gemeenschap was weliswaar niet opgericht met als doel grote sociale acties op touw te zetten, maar wie de principes van satyagraha en ahimsa hoog wil houden, komt al gauw in aanraking met bepaalde vormen van onrecht waartegen verzet noodzakelijk lijkt. De Ark stond dan ook aan de basis van tal van geweldloze acties zoals de allereerste bezetting van een nucleaire basis in 1958. Die campagne werd uiteindelijk het referentiepunt voor de latere Europese massa-acties die op hun beurt inspiratie boden aan de Amerikaanse antinucleaire beweging in Seabrook, New Hampshire.[51]
De gemeenschap van Lanzo del Vasto is echter vooral gekend omwille van de steun die ze bood aan de boerengemeenschap van het nabije plateau van Larzac.
In oktober 1970 besloot de toenmalige minister van Nationale Defensie Michel Debré het militaire kamp van 30km², dat zich even buiten het dorp La Cavalerie in Aveyron bevond, uit te breiden tot een veel grotere militaire basis. Lokale boeren protesteerden en besloten het project te bestrijden met verschillende acties, zoals de inname van lege boerderijen die door het leger waren

De dimensies van het vasten

gekocht met oog op de uitbreiding.*
Tien jaar lang werden allerhande geweldloze protestacties ondernomen, die er uiteindelijk toe leidden dat het plan na de verkiezingen in 1981 afgevoerd werd door president François Mitterand. In al die jaren van strijd en actieve geweldloosheid waren ook vastenperiodes van cruciaal belang.52

In 1972 werd dit geweldloze wapen voor de eerste maal ingezet. Lanzo Del Vasto vastte 15 dagen. Het vasten was weliswaar een onderdeel van vele andere acties die in die tijd werden ondernomen, maar het vormde in zekere zin de start van meer doorgedreven acties. Alle boeren op het plateau van Larzac, inwoners van de stad Millau en de bisschoppen van Montpellier en Rodez steunden de vasten expliciet en publiekelijk. Negen dagen later ondertekenden de boeren, die bedreigd werden met onteigening 'le serment des 103'. Daarin zwoeren ze hun landerijen en huizen niet te verkopen, ongeacht de prijs die men ervoor zou geven. In de daarop volgende jaren zouden vele manifestaties van duizenden mensen volgen.

Wanneer tussen september en december '78 boeren uit veertien gemeenschappen bevolen werden hun grond te verlaten, werden onmiddellijk enorme solidariteitscampagnes op touw gezet. Niet alleen gingen 5000 boeren illegaal werken op de velden die het staatsleger zich had toegeëigend, ze organiseerden ook bijeenkomsten en betogingen en in meer dan honderd steden in Frankrijk ging men over tot solidariteitsvasten.

Daardoor gesteund wandelden 18 boeren in 25 dagen

---

* In één van die boerderijen bevond zich ook een groep mensen van de gemeenschap de Ark.

710 km en werden zij bij hun aankomst in Parijs door een menigte van 40.000 mensen opgewacht om hen te vergezellen naar het Elysée.

Toen de president in november 1978 Rodez bezocht, vastten 14 boeren zeven dagen lang, en op het moment dat de president een eremaaltijd werd voorgezet ter ere van zijn bezoek, weigerden enkele prominente aanwezigen te eten, uit solidariteit met de vastende boeren.

De president kondigde aan dat hij de smeekbede van de boeren in overweging zou nemen maar in de praktijk werden de onteigeningen en verplaatsingen van de boeren verder gezet – wat uiteraard alleen maar resulteerde in nog meer acties van de kant van de protesteerders. Uiteindelijk borg president Mitterand de plannen voor een nieuw militair domein op. De boeren wonnen hun strijd van geweldloos verzet.

De geweldloze vastenacties die doorheen deze strijd werden ondernomen, hebben op zich geen direct resultaat. Het is dus niet zo dat de vastenacties zelf voor de uiteindelijke overwinning zorgden. Maar deze acties waren natuurlijk ook niet echt gericht op duidelijke en directe doeleinden. De vastenacties waren vooral van symbolische aard. Het waren heel sterke tekens van protest tegen de leiders van het land en ze waren symbolen van steun voor de strijdende boerengroep. Het waren vastenacties die zich richtten op de harten van alle betrokken partijen: ze maakten de vastberadenheid van de protesterende boeren sterker en ze brachten de staatsleiders vertwijfeling en zorgen.

Dat is de kracht van vasten als solidariteit. Die kracht was reeds onderhuids aanwezig in de uiteenzetting rond vasten als economische bevrijding en vasten als een weg tot verbondenheid en nu deze kracht gekoppeld wordt aan vasten als sociale actie verkrijgt het zijn ware diepte. Vasten is, eenvoudigweg omdat men meevoelt met anderen die lijden, niet alleen een nobele gedachte, maar het is meteen ook een sterk teken naar diegenen die het lijden veroorzaken en het geeft hoop aan degenen die het ondergaan.

De solidariteit die uit het vasten voortvloeit, hoeft echter niet per definitie ingebed te zitten in geweldloos verzet. De solidariteit die door vasten wordt opgeroepen, kan zich ook op een heel persoonlijk en individueel niveau bevinden. Er is immers niets dat zoals vasten ervoor kan zorgen dat men voelt wat de armen voelen.
Door in een vasten soms te moeten omgaan met intense honger zal de empathie van de vaster met de armen alleen maar vergroten. Door de verplichting het met minder te moeten stellen, zal het vasten in diegene die gewoon is alles te hebben een soort identificatie oproepen met zij die niets hebben.
Vasten kan dus in zekere zin leren begrijpen wat armoede is.
Vasten kan dan ook op een heel directe manier meer solidariteit in onszelf doen groeien. Want het lijkt me niet meer dan evident dat een groter begrip van de situatie van diegenen die niets hebben, zal aanzetten tot een grotere solidariteit en een bewuster leven. Leren hoe het is om honger te hebben zal aansporen om de honger van anderen te verhelpen.
En omgekeerd ook: wanneer wij solidair willen zijn, maar niet onmiddellijk weten hoe, dan kan vasten een heel goed middel zijn om die solidariteit vorm te geven.

Solidariteit

Zelfs als de armen zich er niet bewust van zijn dat men uit solidariteit met hen vast, dan nog kan het een heel sterk teken zijn, aangezien het aan degenen die het wel kunnen zien – d.w.z. de mensen waarmee de vaster dagelijks in contact staat – een teken geeft dat men bereid is om niet deel te nemen aan elk systeem dat mensen uitbuit en de armen steeds armer maakt.
Het vasten kan zo zowel aan onszelf als aan anderen tonen dat we vrij kunnen zijn van de systemen die ons en anderen steeds verder duwen in een grotere disharmonie. Het kan aan anderen en onszelf tonen dat we kunnen beslissen terug op God te focussen omwille van de armen in plaats van rijk te zijn omwille van onszelf.
In het mondiale onrecht van vandaag wordt vasten als economische bevrijding dan ook meteen vasten als solidariteit en omgekeerd. Want zoals Gandhi zei: "Het kwade weerstaan is net zo noodzakelijk als het goede doen." Onrechtvaardige economische systemen weerstaan door te vasten is dus inherent solidair zijn met de armen die getroffen worden door die systemen.

Als christenen beweren dat ze vertrekken vanuit het basisprincipe van naastenliefde, kunnen ze moeilijk anders dan solidariteit op één of andere manier vorm te geven in hun leven. Doen ze dat niet, dan zijn ze in feite hypocriet.
Wanneer men die gedachte koppelt aan het vasten dringt een belangrijke vraag zich op: hoe kan een werkelijke solidariteit bestaan zonder een bepaalde vorm van vasten? Eigenlijk kan dat niet. Wie nooit vast, wie met andere woorden nooit de moeite doet om zich werkelijk te verplaatsen in het leven van de

noodlijdenden, zal mijns inziens nooit vanuit een oprechte solidariteit en naastenliefde kunnen handelen. Vasten is proberen te tonen dat men solidair wil zijn en vasten is proberen in te zien wat de arme meemaakt. Men kan dus grote bedenkingen hebben bij mensen die met woorden beweren te weten wat armen doormaken en die beweren heel veel voor de noodlijdenden te willen doen, als die personen in praktijk nooit hebben geleerd om iets op te geven en als zij in werkelijkheid nooit iets *doen* om de anderen te *kunnen* begrijpen.

Hier wordt dus de waarde van de naastenliefde van een christen in vraag gesteld. Want wat is de waarde van de naastenliefde van iemand die zelfgave nooit heeft 'geoefend', die ego-afbraak nooit in praktijk heeft gebracht en die nooit eens heeft getest hoe het zou zijn om het met minder te moeten doen. Dat is de naastenliefde van iemand die niet weet of hij al bij al wel in staat zou zijn om iets van zichzelf op te geven als dat een ander zou helpen.

In alle eerlijkheid kan ik dan ook niet om die ene bepaalde conclusie heen: vasten lijkt me een essentieel onderdeel van het christen zijn.

Net zoals Gandhi zijn eigen hindoegemeenschap op het matje riep omwille van spirituele misstappen of denkfouten (zoals de uitwas van 'onaanraakbaarheid'), lijkt het me dus goed dat ik op dit punt ook mijn eigen geloofsgemeenschap even aan de oren trek. En dat doe ik met de woorden van een jezuïet en bevrijdingstheoloog uit Sri Lanka, Aloysius Pieris:

> Ik kan de specifieke boodschap van mijn eigen overtuiging niet delen met de aanhangers van een

ander geloof tenzij ik mijn eigen geloofwaardigheid bewerkstellig. Dat wil zeggen, tenzij ik mijn evangelische autoriteit uitoefen door te getuigen van de basisspiritualiteit die alle religies gemeen hebben en die in het idioom van mijn eigen religie wordt uitgedrukt.[53]

Ik kan het niet genoeg herhalen: zonder directe vormen van getuigenis, wat betekent onze zelfgave dan? Als echte christenen kunnen we toch niet doorgaan met ons over te geven aan elke begeerte, elk willetje en elk grilletje wanneer we ons er bewust van zijn dat onze naaste op datzelfde moment in grote armoede leeft?
Waarom, vraag ik mij dan af, wordt er dan zo weinig gevast binnen de christelijke gemeenschap? Waarom is vasten zo sterk uitgehold tot een braaf en mak gebruik waarin we er in het beste geval slechts in slagen om tijdens de veertigdaagse vastenperiode wat minder chocolade te eten? Waarom wordt vasten zo vaak eenvoudigweg vervangen door wat geld geven aan de armen? Waarom is vasten slechts een traditie uit een ouderwets verleden waarvan iedereen denkt dat het wel nobel was, maar niet echt iets voor vandaag?
Vasten is wel degelijk van deze tijd en het is er voor iedereen. Het is één van de meest directe en duidelijke vormen van getuigenis van wat Pieris de 'basisspiritualiteit' noemt, d.w.z. van de spiritualiteit van zelfgave.
Vasten moet niet verward worden met aalmoezen geven en het mag zich niet beperken tot het achterwege laten van uiterst kleine dingetjes. Ons vasten moet stevig en écht zijn, want vasten – en zeker vasten als solidariteit – is een manier om onze spiritualiteit concreet te maken

en onze evangelische geloofwaardigheid hoog te houden.

Zuivering

Vasten wordt door de meeste mensen spontaan bekeken als een manier om te zuiveren. En dat is het ook.
Waarom dan tot het einde wachten om deze dimensie te bespreken? Dat is heel eenvoudig. Vasten als zuivering combineert in feite alle andere dimensies. Vasten als zuivering brengt de verschillende dimensies terug tot hun eenheid.
Zuivering is immers de diepste essentie van het vasten. Het zuivert ons op alle niveaus: het fysieke, het mentale, het sociale en het spirituele – een vierdeling die correspondeert met Jezus' eerste gebod: God liefhebben met kracht, hart, geest en ziel.

Fysieke zuivering (kracht)

Velen gaan er spontaan van uit dat vasten een lichamelijke zuivering teweegbrengt. Nochtans zijn er heel weinig redenen om dat aan te nemen. Hoewel het sommigen misschien zal verbazen, is er in feite geen enkele wetenschappelijke basis om te veronderstellen dat vasten werkelijk een lichamelijke en fysiologische zuivering teweegbrengt.
Reeds in 1976 schreef Shirley Ross dat "bijna alle boeken die over vasten werden geschreven dateren van voor de ontwikkeling van het modern medisch

onderzoek. Daardoor steunen veel mensen die zich in vasten interesseren op interpretaties van medische onderzoek van op zijn minst vijftig jaar oud. Het is absoluut niet te achterhalen of die interpretaties verantwoorde oordelen zijn of pure kwakzalverij."[54]

Zo'n vijfendertig jaar later is er nog maar weinig veranderd. We hebben m.a.w. nog steeds geen enkel gegrond wetenschappelijk argument om aan te nemen dat vasten een fysieke 'zuivering' veroorzaakt.

Meer nog, datgene wat ons 'gezond verstand' vlot zou aannemen – en als zodanig vaak over vasten werden en worden verteld – blijkt helemaal niet houdbaar in het licht van de hedendaagse kennis van het menselijke lichaam.

Zo bestaat er het wijd verspreide idee dat vasten mensen zou toelaten 'afval te verbranden'. Vasten wordt dan gezien als iets dat het lichaam de tijd geeft om overtollige 'toxines' te verwijderen die zich in het lichaam bevinden omdat wij er in ons dagelijks leven te veel van innemen.

Deze redenering heeft één sterk aspect: het klinkt verdacht goed. Je hebt zogezegd te veel ziek weefsel omdat je jezelf hebt volgepropt met schadelijke stoffen en de eenvoudige oplossing is natuurlijk vasten, d.w.z. door die afvalstoffen niet verder op te hopen kan je alle schadelijke stoffen volledig 'verbranden' en het zieke weefsel terug uitzuiveren.

Het lijkt misschien logisch, maar dat is het allerminst. Wanneer men het immers van iets dichterbij bekijkt, komt men al snel tot de conclusie dat daarvoor inderdaad absoluut geen wetenschappelijk bewijs te vinden is. De 'toxines' en 'afvalstoffen' hebben helemaal geen wetenschappelijke betekenis, het 'verbranden' van

deze 'afval' is evenmin een geneeskundige verwoording en over de wijze waarop het vasten dit zieke weefsel zou genezen bestaat hoegenaamd geen wetenschappelijk verantwoorde theorie.
De mogelijke positieve fysiologische (of 'zuiverende') effecten van het vasten en de manier waarop deze zich zouden voltrekken, wachten tot op heden dan ook nog steeds op grondige wetenschappelijke documentatie.

Maar laten we het gebrek aan wetenschappelijke basis nu ook niet alles overschaduwen. In de allereerste plaats is het natuurlijk zo dat een tekort aan grondig wetenschappelijk onderzoek op zich niet hoeft te betekenen dat vasten op geen enkel medisch vlak een zuiverend effect heeft. We kunnen wel de pseudowetenschappelijke verklaringen opzij schuiven, maar we hoeven de mogelijkheid van zuivering op zich daarom nog niet uit te sluiten.
Tot er grondiger onderzoek wordt verricht naar mogelijke fysiologische zuiveringsprocessen van vasten moeten we het stellen zonder wetenschappelijke onderbouw. En waar wetenschap ons een beetje in het ongewisse laat, kunnen we soms wel degelijk vertrekken vanuit persoonlijke ervaring. We kunnen m.a.w. altijd starten vanuit onze eigen persoonlijke 'experimenten', net zoals Gandhi dat deed.
Vanuit mijn ervaringen met het vasten kan ik dan ook zonder problemen toegeven dat vasten op fysiek vlak wel degelijk *een gevoel* van zuivering opwekt.
Ik ga uiteraard zelf geen nieuwe ongepaste pseudowetenschappelijke verklaringen proberen te geven, maar de vaststelling op zich blijft volledig terecht. Wie vast, *voelt* zich zuiverder worden. Wie vast, *voelt* zich 'lichter'

en 'helderder'. Wie vast, ervaart iets wat men zou kunnen omschrijven als een 'uitermate diepgaande relaxatie van het lichaam'.

Het begint met de vertering. Wie vast, lijkt zich gewaar te worden van een zekere 'rust' in de spijsvertering. Het is alsof de darmen gereinigd worden en meer dan anders worden 'leeggemaakt'.

Maar het gaat verder dan dat. Wie vast, lijkt zich immers ook fysiek bewust te worden van het feit dat het hele lichaam verbonden is met de vertering en dat ook de andere delen van het lichaam zich meer gaan 'ontspannen'.

Wat men dus kan vaststellen is dat men zich tijdens het vasten op zijn minst *bewust* wordt van het feit dat het lichaam op elk moment druk in de weer is met de afbraak van voedingstoffen en de opbouw van weefsel. Tijdens een vasten voelt men de werking van het lichaam als het ware wat intenser aan en gaat men begrijpen hoezeer het eigen lichaam steeds 'aan het werk is'.

Wanneer we na heel veel lawaai plots in een rustige omgeving komen, beseffen we hoe hard onze oren het te verduren kregen. Net zo voelt de kalmte van het vasten wanneer het lichaam plots niet meer zo 'bezig' hoeft te zijn. Tijdens een vasten voelt men dus een soort 'fysieke verademing'. Iemand die ooit werkelijk vastte, zal daardoor zeker hebben gemerkt hoe deugddoend de lichamelijke kalmte van een vasten kan zijn – als een langverwachte rustperiode die zich plots aandient. Daarvan getuigen een hele resem persoonlijke ervaringen, zowel van 'gewone' mensen als van profeten en wijzen.

Mentale zuivering (geest)

Een vastend persoon heeft naast een gevoel van diepgaande lichamelijke vertering ook het gevoel van mentale 'vertering'. Het verband tussen de fysiologische processen en de mentale gewaarwordingen tijdens een vasten krijgt waarschijnlijk nog minder aandacht in de wetenschappelijke literatuur (geen enkele dus), maar ook op dit vlak kunnen we er niet om heen dat de ervaring van mentale zuivering een integraal onderdeel is van het vasten.

Op de één of andere manier wordt de geest tijdens een vasten scherper en meer gefocust. Vaak zelfs na slechts één dag van volledig vasten kan je een merkbaar grotere geestelijke helderheid vaststellen.

Soms is die helderheid in eerste instantie niet heel opvallend maar wordt die vooral duidelijk aan het einde van een vastenperiode, op het moment dat men weer voedsel inneemt en men het gevoel heeft dat het bewustzijn terug een paar treden lager zakt in een zwaardere geestelijke toestand.

Een religieus persoon die vasten met meditatie en/of gebed combineert, zal deze helderheid van geest nog sterker opmerken. De concentratie die nodig is om te mediteren is heel wat gemakkelijker op te roepen en vol te houden tijdens een vasten.

Wie op een bepaald moment in zijn of haar leven de nood voelt om alles even op een rijtje te zetten, zal dan ook merken dat dit veel vlotter gaat tijdens een vasten – zeker als het vasten gepaard gaat met grondige meditatie en gebed.

Zo komen we terug op vasten als zelfreflectie. Alleen wordt nu duidelijk dat het vasten onze zelfreflectie niet alleen in de hand werkt door de tijd die het vrijmaakt, door de symbolische daad die het stelt of door het feit dat het een expressie vormt van onze wil tot verzoening, maar daarenboven draagt het vasten bij aan een diepere zelfreflectie vanuit het geestelijke effect dat het vasten teweegbrengt. Doordat het vasten de geest verscherpt, wordt het gemakkelijker om alles terug in perspectief te plaatsen en het eigen doen en laten helderder te analyseren. Het vasten zuivert de geest van verwarring.

De overige manieren waarop vasten een mentale zuivering teweegbrengt, werden reeds duidelijk uit de andere dimensies van het vasten.
Zo wees ik er bijvoorbeeld op dat vasten ons doet ophouden met onafgebroken mee te hollen in de dolgedraaide haast waarin zovelen onder ons zich bevinden. De stress die het moderne leven met zich meebrengt, wordt doorbroken door een vasten want de eenvoud van het vasten doet ons realiseren dat er al bij al geen echte nood is om zich zoveel zorgen te maken, dat er geen echte nood is om altijd zo druk bezig te zijn, dat er geen echte nood is om steeds te leven alsof we morgen gaan sterven.
Vasten neemt zo de druk weg die voortkomt uit een tijd-is-geld-denken. Vasten laat de mallemolen van het dagelijkse leven en werken tot stilstand komen en geeft de geest de tijd om zich bezig te houden met andere dingen zoals zelfreflectie en spirituele training.

Sociale zuivering (hart)

Als je de wereld wil veranderen, begin met je land; als je je land wil veranderen, begin met je stad; als je je stad wil veranderen, begin met je familie; als je je familie wil veranderen, begin met jezelf.
Het is een bekend gezegde en een perfect argument om te vasten.
Vasten kan ook grotere verbondenheid brengen en tweespalt helpen uitzuiveren. Door te kiezen voor een daad van zelfgave doorbreekt men de cirkel van verwijt en wakkert men het geweten aan van de eigen groep.
Vasten kan gedaan worden als een vorm van solidariteit en steun bieden aan zij die het moeilijk hebben. Door te kiezen voor een daad van zelfgave laat men zien dat niet iedereen enkel oog heeft voor zichzelf en zuivert men de samenleving van het overal woekerende egoïsme.
En vasten kan als geweldloos verzet worden gebruikt om repressieve of onrechtvaardige systemen te doorbreken – niet in het minst de economische. Door te kiezen voor een daad van zelfgave sta je stil en stop je met meedraaien in de systemen die anderen gevangen houden in onrecht en armoede.
Een werkelijke uitzuivering van onrechtvaardige systemen en structuren wordt natuurlijk pas echt werkelijkheid wanneer de zuivering breed genoeg gedragen wordt. Het kan zich niet beperken tot enkele individuen. Ik zei het reeds: de mammon – d.w.z. het kortzichtige materialisme en de obsessie voor rijkdom en status – zal pas werkelijk verdwijnen als genoeg personen, instellingen en structuren er zich aan onttrekken.
Niet dat we ons met duizenden aan het vasten moeten

zetten om een maatschappelijke omwenteling tot stand te brengen, maar een spiritualiteit van het vasten zal door velen aanvaard moeten worden en uiting moeten vinden in hun dagelijkse leven.

Laat ons echter nooit vergeten dat een breed gedragen spiritualiteit uiteindelijk start bij elk afzonderlijk individu. Een groter maatschappelijk draagvlak wordt pas gecreëerd als ook elk individu zich erachter schaart.

Zoiets lijkt misschien onbegonnen werk, maar dat is het niet. Want een spiritualiteit van het vasten draagt een heel belangrijk element in zich: men overtuigt mensen niet met woorden en argumenten maar met daden. De boodschap van een vasten wordt immers niet overgebracht door eindeloos gepraat maar door het stellen van een duidelijk voorbeeld.

Door haar sterke expressie kan vasten de harten raken van diegenen die ermee in contact komen. Een vaster toont zich bereid een deel van zichzelf te geven voor een rechtvaardig doel en dat zet mensen ertoe aan hun eigen gedrag in vraag te stellen.

Door te vasten zal men dus anderen aanzetten tot vasten, zeker als de vastende zich gezuiverd en stralend toont aan de buitenwereld. Zo vraagt Christus het ook. En Gandhi toonde dat het kan. Hun voorbeelden hebben dan ook meer dan grote navolging gevonden. Er is geen reden waarom hun voorbeelden niet opnieuw navolging zouden kunnen vinden.

Spirituele zuivering (ziel)

Toen Gandhi geen uitweg meer zag en zich spiritueel

verloren voelde, dan richtte hij zich telkens opnieuw tot de Bhagavad-Gita, het boek dat door sommige hindoes wordt omschreven als de Upanishad der Upanishaden.[*] Zijn hele leven lang beschouwde Gandhi zichzelf als een leerling van dit heilige boek. Het biedt immers een enorme spirituele leidraad aan al wie op zoek is naar spirituele zuivering.

De Bhagavad-Gita is in feite een onderdeel van de Mahabharata, een enorm epos waarin wordt verteld over de lotgevallen van twee koninklijke families: de Pandava's en de Kaurava's. De Pandava's zijn slechts met vijf en de Kaurava's met honderd maar beide families worden in hetzelfde huishouden grootgebracht omdat ze allen zonen zijn van twee broers. Pandu is de vader van de Pandava's en zijn broer Dhritarashtra is de vader van de Kaurava's.

De Pandava's bezitten heel wat deugdelijke eigenschappen. Ze zijn rechtvaardig, gedisciplineerd, edel en ridderlijk. De Kaurava's daarentegen zijn gemeen, onrechtvaardig, hebberig en decadent. Vooral een zekere Duryodhana is heel jaloers op zijn vijf neven en bedenkt allerlei plannen om hen te vernietigen.

Wanneer de tijd gekomen is om Yudhisthira, de oudste van de Pandava's, te kronen, probeert Duryodhana dit te verhinderen. Met een opgezet dobbelspel zorgt hij ervoor dat de Pandava's verbannen worden. Wanneer de Pandava's vele jaren later terugkomen uit ballingschap

---

[*] De Upanishaden zijn verschillende belangrijke teksten in het hindoeïsme. Letterlijk betekent het "vlakbij zitten" wat impliceert dat studenten vlakbij de voeten van de goeroe zaten wanneer ze luisterden naar de Upanishaden. Ze zijn een onderdeel van de Hindu Shruti, een verzameling van geschriften die zich vooral focussen op meditatie en filosofie.

en hun rechtmatig koninkrijk opeisen, weigert Duryodhana hun rechten terug te geven. Zelfs pogingen van de god Krishna om te bemiddelen tussen beide partijen helpen uiteindelijk niet. Door zijn buitensporige hebberigheid is Duryodhana met geen enkel voorstel tevreden.

Oorlog wordt uiteindelijk onvermijdelijk. Zowel Duryodhana als Arjuna, één van de Pandava's en de beste boogschutter van het koninkrijk, vragen Krishna om hun broers te steunen in de strijd. Ze weten immers allebei dat Krishna het grootste leger van het rijk bezit. Krishna doet op zijn beurt een ander voorstel: zijn leger zal hij aan de ene geven en zelf zal hij de strijdwagen besturen van de ander. Duryodhana kiest voor het leger zodat Krishna Arjuna's wagenmenner wordt.

Alle prinsen en ridders van India kiezen partij en verzamelen zich op de vlakte van Kurukshetra. Op dit punt begint de Bhagavad-Gita.

Arjuna staat met zijn strijdwagen opgesteld in de voorhoede van het leger van de Pandava's en ziet aan de overkant van de vlakte het leger van de Kaurava's.

Het aanzicht maakt hem echter moedeloos in plaats van strijdlustig. Hij richt zich tot Krishna en geeft aan dat hij niet bereid is te vechten. Hij begrijpt niet hoe hij ten strijde kan trekken tegen leden van zijn eigen familie en tegen enkele van zijn vroegere leermeesters. Hij is verward en zegt dat hij niet meer weet wat goed is en wat kwaad.

Daarop volgt een dialoog tussen Krishna en Arjuna waarbij de God de boogschutter met allerhande filosofische en spirituele overwegingen probeert te overhalen de strijd wel degelijk aan te binden. Deze dialoog is de eigenlijke inhoud van de Bhagavad-Gita.

Aan het einde ervan zal Krishna Arjuna ook overtuigen. De strijd wordt aangebonden en na 18 dagen zullen er elf de strijd overleven - waaronder de Pandava's en Krishna.

De Bhagavad-Gita, het boek dat aan de geweldloze Gandhi telkens opnieuw diepe inspiratie bood, is in wezen een opsomming van de argumenten waarmee Krishna Arjuna's twijfel probeert weg te nemen en waarmee Hij hem tracht te overtuigen toch ten strijde te trekken.
Maar natuurlijk gaat het niet echt over de strijd. Die wordt ook bijna niet vermeld in het boek. Waar het wel om draait, is Krishna's antwoorden op Arjuna's vragen. Arjuna wil immers tot op het bot gaan om te achterhalen wat de juiste spirituele manier van leven is.
Gandhi heeft dan ook steeds gezegd dat men de strijd in de Bhagavad-Gita allegorisch moet opvatten. De oorlog tussen Pandava's en Kaurava's symboliseerde voor hem de innerlijke strijd die elke spirituele zoeker telkens opnieuw doormaakt.
De Pandava's zijn dan het 'hogere bewustzijn' en de Kaurava's zijn de lagere begeerten in de mens. Gandhi was ervan overtuigd dat elke mens in zichzelf de strijd met de lagere begeerten moet aangaan om het hoger bewustzijn te laten overwinnen.
Het boek heeft dan ook niets te maken met uiterlijk geweld. Krishna heeft het niet over oorlog of een bloederige strijd. Het gesprek tussen Arjuna en Krishna is daarentegen wel een beschrijving van de zelfreflectie tussen een menselijke ziel en God wanneer iemand probeert te achterhalen wat zijn of haar bestemming is in het leven. En om die bestemming te bereiken, zo

zegt de Bhagavad-Gita, mag je de strijd in jezelf niet uit de weg gaan.
En die strijd is een proces van zuivering.
Voor een hindoe, en dus ook voor Gandhi, komt het er immers op aan de atman zo veel mogelijk te zuiveren van illusies om zo tot een eenheid met Brahman te komen.
De atman is het hogere bewustzijn, het edele en het goddelijke in de mens. De ziel dus. (De Pandava's zijn het symbool ervan in de Mahabharata.)
Brahman is het ene alles overstijgende principe dat het hele universum creëert en doordringt. God dus, geïncarneerd als Krishna in het verhaal van de Bhagavad-Gita.
Doorheen verschillende levens, zo geloven hindoes, gaat de atman op weg naar de vereniging met Brahman. De atman zit immers gevangen in illusies die opgeworpen worden door de eigen egogerichtheid. In het hindoeïsme noemt men deze illusies 'maya'. Wie minder vertrouwd is met het hindoeïsme moet zich niet laten afschrikken door de moeilijke termen. Het concept 'maya' gaat immers allerminst over abstracte en hoogdravende spirituele begrippen maar verwijst net naar heel herkenbare gedachten zoals "ik ben beter dan jij", "ik ben belangrijker dan anderen", "dat is van mij en niet van jou", "ik mag mij verrijken ten koste van anderen.", "Ik verdien een betere positie vanwege mijn afkomst" enz.
Zulke illusies worden in stand gehouden door herkenbare drijfveren: angst, woede, jaloezie, hebzucht, enz. - de Kaurava's in de Mahabharata.
Het zijn deze diepe egogerichte emoties, illusies en gehechtheden die heel wat innerlijke strijd vragen om te

overwinnen. En het zijn meteen ook deze illusies en gehechtheden die ervoor zorgen dat wij zowel onszelf als anderen kwetsen en doen lijden.
Het hogere bewustzijn van een mens daarentegen wil zich verenigen met God. Het hogere bewustzijn voelt immers aan dat God de grondslag is van al wat bestaat – ook van de eigen atman, van de eigen ziel. Het hogere bewustzijn ziet dan ook in dat niemand meer mag dan een ander, dat iedereen evenzeer recht heeft op de vruchten van de schepping en dat het ware geluk niet verscholen zit in het ophopen van materie. Het hogere bewustzijn laat zich dus leiden door nederigheid, zelfdiscipline en inzicht.
Het hogere bewustzijn wil werkelijke vrede en dieper geluk voor zowel zichzelf als allen rondom hem. Iedereen heeft immers een ziel en alle zielen zijn in God verbonden. Een gezuiverd hoger bewustzijn begrijpt dit en beseft dat men uiteindelijk zichzelf kwetst wanneer men anderen schade berokkent.

Van tijd tot tijd worden we allemaal geconfronteerd met dilemma's en situaties waarin we telkens opnieuw voor de keuze komen te staan om ons ego te vergroten of ons te zuiveren van eigenbelang. Het eerste gaat al te vaak gepaard met het kwetsen van anderen ten voordele van onszelf, het tweede met een hernieuwde God-gerichtheid. En al lijkt die keuze in theorie evident, in de praktijk is die helemaal niet zo gemakkelijk. We zijn immers allemaal, op de één of andere manier, de gevangene van onze eigen onrust en gehechtheden. Ons ego kan verdacht sterk uit de hoek komen want de drang naar status, zelfbevestiging, rijkdom en direct geluk kunnen heel sterk zijn en het geluk van anderen, de bevestiging van rechtvaardigheid en Gods rijkdom lijken vaak ongrijpbaar.

Telkens opnieuw moeten we dus nagaan wat de impact is van onze daden. Zorgen wij op één of andere manier, in meer of mindere mate voor lijden of onenigheid, dan wordt het tijd om onszelf te zuiveren. Maar die zelfreflectie en dat zuiveren kan niemand voor ons doen. Het is een innerlijke strijd die we allemaal in onszelf moeten voeren.

Voeren we deze innerlijke strijd niet, dan zullen de ego's steeds de overhand nemen en blijvend met elkaar botsen. Doen we dat wel, dan kan het hoger bewustzijn stilaan de overhand nemen en kunnen de relaties tussen mensen worden uitgezuiverd.

Het is dan ook van cruciaal belang dat iedereen deze innerlijke strijd doorworstelt en blijft doorworstelen. Vrede tussen mensen zal immers altijd heel fragiel en instabiel blijven als zij niet gedragen wordt door vrede binnenin die mensen. De geweldloze strijd voor vrede kan nooit gereduceerd worden tot het veranderen van bepaalde (structurele) onrechtvaardigheden die op dit moment in de wereld aanwezig zijn. De zoektocht naar vrede in onze samenleving moet steeds gedragen worden door de geweldloze strijd voor vrede in ons eigen hart.

Laten we eerlijk zijn, als we er zelf moreel-spiritueel niet op vooruitgaan, hoe kunnen we dan verwachten dat onze samenleving er moreel op vooruit zal gaan? Als we onze eigen ziel niet zuiveren, hoe zullen we dan ooit in staat zijn de wonden van de wereld te helen? Als we in ons eigen leven niet alles weghakken dat niet van God (Waarheid) komt, hoe kunnen we dan van anderen verwachten dat zij wel in Waarheid (God) zullen leven?

Zuivering

Resoluut kiezen voor het spirituele pad van zuivering, wil natuurlijk niet zeggen dat alles altijd van een leien dakje zal lopen. Niemand is zonder fouten en het zal meer dan eens misgaan. Het komt er enkel op aan om telkens opnieuw te beginnen. Als de egobegeerten plots weer hard toeslaan en onze eerdere zuivering lijken teniet te doen, is het goed eerst even terug te keren tot de kern om daarna met hernieuwde moed verder te gaan op het spirituele pad naar grotere eenheid met het goddelijke.
En ook dat is iets wat mogelijk wordt door te vasten. Vasten als zuivering houdt in dat het altijd een mogelijkheid biedt om 'opnieuw te beginnen'. Hoezeer we ook onze eigen principes hebben overschreden, vasten kan ons steeds weer op die principes richten. Dat was nu eenmaal vasten als verzoening.
Wat vasten zo diep doet gaan, is net het feit dat het onze keuzemogelijkheden helder maakt, ons helpt inzien welke weg wij werkelijk willen gaan en ons terugbrengt naar het pad van Godgerichtheid. Heeft men te veel 'spirituele vuilnis' in zichzelf opgehoopt, dan is vasten een prachtig middel om ons daarvan te ontdoen.
Vasten als zuivering is er dus op gericht om het ego, hoe vaak het ook weer de kop opsteekt, stelselmatig te doen verdwijnen, zowel fysiek, mentaal, sociaal als spiritueel. Zoals Gandhi het zei: "Een oprechte vasten zuivert het lichaam, de geest en de ziel. Het kruisigt het ego en daardoor bevrijdt het de ziel."[55]

De praktijk van het vasten

> Vasten is een medicijn voor de ziel.
> En dat medicijn werkt het beste
> als het wordt toegediend
> aan een nederig hart dat zijn noden kent.
>
> *St.-Johannes Chrysostomus*

De basisprincipes

Het was één van Gandhi's onverwezenlijkte wensen om ooit een vasten van veertig dagen te ondernemen. Hij nam m.a.w. Jezus' woestijntijd als voorbeeld. Wat Gandhi misschien niet wist, is dat het helemaal niet zeker is dat Christus gedurende die periode helemaal niets at en dat het waarschijnlijk geen veertig dagen waren. Aan de andere kant is het natuurlijk wel zo dat Gandhi op 72-jarige leeftijd zonder problemen een vasten van 21 dagen overleefde. Dat wil zeggen dat het op zich wel mogelijk is dat Jezus, die toen nog heel jong was, inderdaad veertig dagen lang totaal vastte. Het is niet zeker, maar wel mogelijk.

Maar een dergelijke 'heroïsche' vasten mag ons niet verblinden. Vasten omwille van de heroïek zou immers indruisen tegen de essentie van het vasten zelf. Het zou totaal haaks staan op een basisprincipe dat ik reeds een aantal keer verwoordde: *vasten is nooit iets dat men doet omwille van het vasten zelf.*

Vasten heeft een doel. En het meest ultieme doel van het vasten is om ooit God van aangezicht tot aangezicht te kunnen zien. Een grotere Godfocus moet steeds de essentie van het vasten zijn. Het weigeren van voedsel is gericht op een 'onthouding' van het ego, het is nooit een onthouding omwille van de onthouding.

Dat is meteen ook de reden waarom vasten zeker niet impliceert dat je alle eten *moet* laten. Helemaal niets eten *kan* een vorm van vasten zijn, maar het is verre van noodzakelijk. Zo kennen hindoes bijvoorbeeld de

chandrayana, een vasten waarin men meer of minder eet in functie van de stand van de maan. En ook de ramadan is natuurlijk een voorbeeld van een andere vormelijke invulling van het vasten, waarbij het niet-eten zich beperkt tot de periode tussen zonsopgang en zonsondergang.
Ook heel wat andere aspecten kunnen verschillen. De rituele tijd waarin men vast en de traditionele gebruiken die men eraan verbindt, verschillen in de verschillende religies. Of men het vasten als een persoonlijk en individueel gebeuren beleeft dan wel in groep, hangt af van de doelstelling en motivatie. En de preciezje regels waaraan men zich houdt evenals de vormen van meditatie die men eraan verbindt, kunnen sterk variëren van persoon tot persoon.
Maar al zijn er geen richtlijnen of regels die de vorm precies vastleggen, het vasten is geen nietsbetekenend begrip. Zo moet het vasten natuurlijk wel steeds een lichamelijke uitdrukking kennen. Het is en blijft nu eenmaal een vasten. Om te vasten moet je dus steeds bepaalde concrete dingen achterwege laten. Vasten is een uiterlijke expressie van een innerlijke overtuiging en niet gewoon een gedachte.
Wil men écht zuiveren, dan moet men zich op één of andere manier ook werkelijk leegmaken. Dat is evident. Maar wat men achterwege laat en de wijze waarop men zich 'leegmaakt' kan heel verschillend zijn.

De vastenvormen die ik hier bespreek, zijn dan ook niet op te vatten als strikte vormen met onbuigzame regels. Er worden enkel een paar mogelijkheden aangeboden.
Het is daarenboven geen enorm uitgebreid en al zeker geen exhaustief overzicht. De vastenvormen die ik

De basisprincipes

beschrijf, zijn slechts die vormen die ik in mijn eigen leven heb geïntegreerd of waarmee ik zelf experimenteerde.

Het is aan eenieder om zelf vastenvormen te zoeken die het beste aansluiten bij de eigen traditie en levensweg. De vastenvormen die ik hier beschrijf, dienen dan ook vooral ter inspiratie. Ze kunnen een startpunt vormen voor zij die er nog niet echt vertrouwd mee zijn of kunnen diegenen die wel reeds vasten op nieuwe ideeën brengen.

In elk geval brachten ze mij stuk voor stuk een stapje verder in mijn zoektocht naar waarheid.

Concrete vormen van vasten

Een volledige vasten

Een volledige vasten is en blijft natuurlijk de meest evidente en meest gekende vastenvorm.
In een volledige vasten laat men voor een bepaalde periode eten (en drinken) achterwege.[*] Deze vorm van vasten kan snel effecten hebben op zowel het fysieke, mentale als spirituele niveau, maar het is ook een vorm van vasten die met grote voorzichtigheid moet ondernomen worden.
Het is mijn ervaring dat een volledige vasten van één dag (bijvoorbeeld op Goede Vrijdag, Yom Kippoer of als een vorm van persoonlijk gekozen herbronning) reeds innerlijke veranderingen teweeg kan brengen, terwijl dat geen enkel gevaar inhoudt voor het lichaam (tenzij de vastende persoon natuurlijk bepaalde specifieke medische problemen zou hebben). Van zodra men langer dan één dag vast, moet men echter wel enkele voorzorgsmaatregelen nemen.
Eerst en vooral moet men zich wat voorbereiden. Men drinkt bijvoorbeeld beter geen alcohol in de dagen voor de vasten. Alcoholische dranken zorgen immers voor een lichamelijke afhankelijkheid en kunnen daardoor voor onaangename reacties zorgen bij aanvang van de

---

[*] En in principe gaat dit gepaard met nog een aantal andere restricties zoals het afzien van seksuele activiteiten, achterwege laten van tv, niet luisteren naar al te luide muziek, enz.

vasten.

Het is ook goed voorafgaand aan de vasten niet al te veel te eten. Als men te veel eet, wordt het lichaam gewoon aan de inname van veel voedsel en dat kan het hongergevoel tijdens een vasten vergroten.

Vervolgens wil ik ook aanraden wel degelijk water te drinken tijdens een vasten. Vochtinname achterwege laten kan immers ongezond zijn. Na twee dagen van volledig vasten, waarbij men eet noch drinkt, zal men een zekere verzwakking van het lichaam ervaren en kunnen zich eventueel wat ongemakken in de nieren voordoen.

Dat is ook waarom het aangeraden is om genoeg zout op te nemen tijdens een vasten, zeker wanneer de vaster problemen zou ondervinden met zijn of haar bloeddruk. De bloeddruk wordt immers in evenwicht gehouden door een ingenieus fysiologisch systeem dat door de nieren onder controle gehouden wordt. Het is een heel subtiel staaltje fysica dat normaal gezien bijzonder goed werkt. Tijdens een vasten zou het echter kunnen gebeuren dat de nieren niet onmiddellijk in staat zijn de plotse en grote verandering in het voedingspatroon op te vangen. Daardoor kan de bloeddruk wat dalen. Eén van de meest directe symptomen daarvan is natuurlijk het gevoel van 'wegtrekken' van het bloed uit het hoofd en het gevoel van duizeligheid wanneer men abrupt rechtstaat. Op zo'n momenten is het aangeraden een beetje zout bij het water in te nemen. Toch is de exacte hoeveelheid vocht of zout die men precies inneemt, niet echt van tel. Het is genoeg te handelen naar wat het eigen lichaam aangeeft. Gandhi stond zichzelf bijvoorbeeld altijd toe wat limoensap en zout aan zijn water toe te

voegen, al specificeerde hij de hoeveelheid niet. Zelf heb ik in korte periodes nooit nood gehad aan extra zouten.
'Luisteren naar het eigen lichaam' is waarschijnlijk ook in andere aspecten de beste richtlijn die ik kan geven. Het werd in de voorgaande hoofdstukken immers genoeg aangebracht: het doel van een vasten is nooit om jezelf schade te berokkenen of te doen afzien. Het doel is te kiezen voor een situatie waarin men het met minder moet stellen om zo het ego af te breken en op die manier dichter bij God te komen, maar God, die liefde is, wil niet dat mensen zichzelf verwoesten.
Natuurlijk zal een volledige vasten altijd een zekere mate van fysieke zwakheid veroorzaken. Maar als de vasten correct wordt uitgevoerd, zal deze 'zwakheid' niet van die aard zijn dat het ongezond, schadelijk of zelfs maar beperkend wordt voor lichaam of geest. Het is dus geen zwakheid die pijn met zich meebrengt.
Het gevoel van 'zwakheid' dat met een absolute vasten gepaard gaat, is misschien beter te omschrijven als een gevoel van 'zachtheid' van het lichaam. Als men correct vast, is er dus geen sprake van zwakte die het lichaam uitput maar wel van een rust die net een subtiele energie opwekt.
Uiteraard verricht men tijdens een volledige vasten beter geen al te hard fysiek werk. Beweging is zeker aan te raden, zelfs een lichte fysieke bezigheid kan heel goed zijn, maar het lichaam mag niet onder stress worden geplaatst. Wandelen bijvoorbeeld is goed, maar vijf kilometer lopen is logischerwijs niet de bedoeling.
Intellectueel werk is iets anders. Ook hier geldt dat men geen al te overmatig stresserende mentale taken op zich moet nemen, maar tijdens een vasten wordt de geest

De praktijk van vasten

alsmaar helderder en vergroot de mentale focus, waardoor de vastenperiode de uitgelezen tijd vormt om zich bezig te houden met intellectuele en spirituele aangelegenheden. Lezen, schrijven, het nemen van beslissingen, het analyseren van bepaalde (levens)problemen, enz. gaan allemaal perfect samen met een vasten.

Om de mentale helderheid te versterken – en aangezien een lichte fysieke bezigheid aan te raden is – is het heel nuttig om tijdens een vasten de omgeving waarin men woont, leeft, slaapt of werkt op te ruimen en grondig schoon te maken. Het gevoel van zuivering dat een vaster overvalt tijdens een vasten zal heel wat kracht bijgezet worden als men ook de directe omgeving op orde brengt.

Niet alleen het opruimen van de omgeving maar ook het wassen van het eigen lichaam door te baden, kan de vasten intensifiëren. Zelfs als men normaal gezien nooit een bad neemt op een rituele manier, zal een vaster toch al gauw merken dat het nemen van een bad tijdens een vasten een rituele dimensie aanneemt. Meer nog, heel wat mensen zullen tijdens een vasten spontaan de nood voelen om te baden en ook hun huid grondig te reinigen.

Vaak wordt gesteld dat een vasten die langer duurt dan drie dagen onder één of andere vorm van 'medisch toezicht' moet gebeuren.

Sommigen verplichten vasters ook om uitzonderlijk voorzichtig te zijn tijdens een vasten van drie dagen, maar voor zover ik weet, is dat wat overdreven. Er is helemaal geen nood aan ongepaste dramatiek of overmatige schrik. Zolang er voldoende water gedronken wordt, zal er normaal gezien geen enkele complicatie optreden.

Natuurlijk heb ik het hier dan niet over zwaarlijvige of ondervoede personen en al evenmin over diabetici, zwangere vrouwen of mensen met hart-, lever- en nieraandoeningen. Men moet gewoon zelf een beetje kunnen inschatten of men tot zo'n vasten in staat is of niet. De meeste normaal gevoede, relatief gezonde mensen kunnen in elk geval zonder problemen een volledige vasten van drie dagen aan.

Ook wanneer men een vasten beëindigt, is er geen reden om daar al te gewichtig over te doen. Gewoon rustig aan doen is de boodschap. Men kan best beginnen door iets te drinken dat de vertering op gang brengt. Zo zullen de meesten vers fruitsap wel kunnen appreciëren na een vastenperiode. Hier en daar kan men ook lezen dat een niet al te warme thee met wat suiker heel goed is om een vasten te breken. Zelf meng ik vaak wat citroensap met water. Dat was ook wat Gandhi deed.

Wanneer men opnieuw eet, moet men natuurlijk beginnen met iets licht en mag men niet onmiddellijk starten met iets vettig, erg pikant of uitermate zoet. Bouw langzaamaan weer op en eet gezond.

In het begin kan het trouwens lijken alsof men niet genoeg kan krijgen. Daar mag men echter niet aan toegeven. Het is uiteraard niet goed om snel te veel te eten na een vasten. Het gevoel van niet genoeg te hebben zal vanzelf weer over gaan. Men beperkt zich dus beter tot een hoeveelheid die net wat minder is dan wat men gewoonlijk eet.

Al bij al is gezond verstand het beste en meest juiste advies.

Tijdens een volledige vasten mag men één ding wel niet vergeten: het is nodig dat men mediteert, bidt of energetische oefeningen doet. Niet alleen zorgen ze ervoor dat een vasten op zijn uiteindelijke doel gericht blijft maar het maakt de vasten ook dragelijk – zowel mentaal als fysiek.

Net zoals alles op een goede of slechte manier gebruikt kan worden, zal vasten alleen op de juiste manier worden uitgevoerd als het ondersteund wordt door gebed of meditatie. Anders wordt het al gauw een vasten omwille van het vasten en als zodanig iets dat gedaan wordt vanuit het ego. Gebed en meditatie – en de zelfreflectie die ze met zich meebrengen – 'beschermen' ons daartegen.

Meditatie en gebed beschermen ook tegen de grootste mentale valkuil van een vasten. Tijdens een vasten kan het immers gebeuren dat men zich al te sterk gaat focussen op datgene wat men achterwege laat. Dan gaat men zich verliezen in gedachten zoals: "Wat heb ik toch honger" of "Ik heb zo'n zin in dit en dat." In plaats van ruimte en tijd te scheppen voor zelfreflectie kan een vaster zichzelf zo in een soort obsessief patroon brengen dat nog minder dan op andere momenten geestelijke rust en diepgaande introspectie toelaat.

Dergelijke gedachten zullen zich altijd in meer of mindere mate voordoen. Wanneer ze de kop opsteken leren ze de vaster eigenlijk vooral hoe moeilijk het soms kan zijn om af te zien van voedsel en hoe afhankelijk men is van sommige kleine 'goestingetjes'. Men mag ze echter niet de overhand laten krijgen.

Gelukkig zijn die goestingetjes ook helemaal niet zo moeilijk te doorbreken. Men moet er zich alleen vroeg genoeg bewust van zijn en geregeld mediteren om ze tijdig te doorbreken.

Meditatie en gebed helpen nu eenmaal om al te egogerichte gedachten onder controle te houden of uit de geest te verwijderen. Meditatie en gebed halen de geest immers uit zijn zelfgerichte spiraal. Meditatie richt de vaster op de diepe grond van zijn bestaan en verbindt hem met de stroom van het leven. Bidden richt de vaster op God.

Naast het spirituele aspect is er trouwens ook een 'fysiek' aspect verbonden aan meditatie en gebed want voor de oprechte religieuze en spirituele vaster zijn zij alternatieve 'energiebronnen'.

Wetenschappelijke bewijzen zijn er daarvoor niet maar elke vaster kan dat zonder problemen persoonlijk ervaren.

Zoals gekend bestaan er in het Verre Oosten heel wat theorieën rond de energetische aspecten van ons lichaam. De werking van qi en praña werden er systematisch in kaart gebracht. De precieze theorieën zijn hier niet van belang maar dat ze een onmiskenbaar deel zijn van een correcte meditatieve ervaring tijdens het vasten, mag niet worden ontkend. Men voelt deze lichaamsenergieën immers intenser aan als men mediteert, bidt of energetische oefeningen doet tijdens een vasten.*

Dat is waarom ik ze ook expliciet hier vermeld. Tijdens

---

* Het is daarbij uiteraard van weinig belang welke vormen van meditatie of gebed men verkiest. Yoga, qi-gong, tai-chi, christelijke meditatie, zen, pranayama, dhikr, vipasana of wat dan ook – dat is volledig afhankelijk van de achtergrond en voorkeur van de vaster.

De praktijk van vasten

andere vormen van vasten zijn gebed en meditatie natuurlijk ook heel nuttig en versterken ze de geest die achter de vasten schuilt maar strikt genomen zijn ze dan niet *noodzakelijk*. Gedurende een langere en volledige vasten echter, mag men gebed en meditatie niet achterwege laten, omwille van hun 'energetiserende' effect. Gebed en meditatie houden elke vorm van vasten geestelijk gezond, maar in het geval van een volledige vasten ook energetisch en fysiek.

Tot slot moet er ook op gewezen worden dat een volledige vasten, waarbij men zich ook nog eens toelegt op gebed en meditatie, natuurlijk niet kan worden ondernomen als men al te veel bezig is met allerhande taken. Een volledige vasten wordt m.a.w. het beste ondernomen gedurende een periode waarin de vaster zich niet hoeft (of zelfs kan) bezighouden met werk, dagelijkse beslommeringen of dringende projecten. Men trekt zich best even terug in een rustige omgeving waar er niet al te veel afleiding te vinden is. Een beetje afzondering kan dus zeker geen kwaad, vooral als men dagdagelijks een eerder hectisch leven leidt.
Ook dit moet men natuurlijk niet al te radicaal doordrijven. Het is geen enkel probleem om mensen te ontmoeten, even buiten te gaan voor een wandeling, enz. Men kan zich eventueel terugtrekken in een klooster, een ashram of een rustige afgelegen plaats, maar dat is verre van noodzakelijk. Als het thuis vrij kalm is en men er niet constant gestoord wordt, is thuis vasten even goed.
Het is alleen af te raden om bijvoorbeeld naar luidruchtige feestjes te gaan, er een heel drukke sociale agenda op na te houden of steeds in de weer te zijn met

het huishouden. Een volledige vasten werkt gewoon het best als men zich met voldoende sereniteit omgeeft. Indien men tijdens het vasten gewoon wil verdergaan met het normale dagelijkse leven, dan zijn er heel wat meer geschikte vormen van vasten.

Een 10-daagse rijstvasten

Een vastenvorm die ik zelf twee keer per jaar onderneem is, een rijstvasten. Gedurende tien dagen eet ik dan enkel rijst.[*]
Initieel ondernam ik zo'n vastenperiodes omdat ik in het positieve medische effect ervan geloofde. Ondertussen ben ik me, zoals ik reeds te kennen gaf, bewust van het feit dat daarvoor geen wetenschappelijke basis te vinden is. Toch lijkt het mij meer een hiaat in het wetenschappelijk onderzoek dan een vaststaand feit, want zoals ik al zei: het ontbreken van wetenschappelijke gegevens staat in schril contrast met mijn eigen ervaring. Reeds na mijn allereerste rijstvasten was ik overtuigd van de zuiverende invloed. Zonder twijfel kon ik ervaren hoe bepaalde fysiologische processen in werking traden. Dat we gewoon nog niet heel goed weten welke processen dat precies zijn, doet geen afbreuk aan de waarneming

---

[*] Een dergelijke vasten doe ik één keer in de lente (op het einde van de christelijke vastenperiode) en een keer in de herfst. Af en toe doe ik ook een volledige vasten van 3 dagen, afhankelijk van mijn persoonlijke agenda en wanneer de nood zich echt opdringt – d.w.z. wanneer ik het gevoel heb dat het tijd wordt om me terug op God te focussen.

De praktijk van vasten

ervan. Ook in deze vorm van vasten voelt een vaster immers al gauw de lichamelijke rust of kalmte waarover ik het had in het stukje over een volledige vasten. De vaster zal dit spontaan aanvoelen als een soort 'diepgaand verteringsproces'.

Tijdens een rijstvasten wordt aangeraden om volle rijst te eten als enige vorm van vast voedsel. Al bij al zou men ook een ander graan kunnen eten. Rijst heeft echter enkele voordelen. In eerste instantie is rijst een heel volwaardig graan. Men zal dus geen voedingstekorten oplopen. Verder bevat het geen gliadinegluten, waardoor ook mensen met een glutenintolerantie het kunnen eten.
Daarnaast is er ook een 'spiritueel voordeel': het zorgt op een spontane wijze voor een soort identificatie met de talloze armen in de wereld, die vaak weinig meer dan rijst te eten hebben. Het is dus steeds ook een solidariteitsvasten.
De vaster mag in principe alles drinken (behalve natuurlijk evidente zaken zoals alcoholische dranken, koffie, thee met te veel kruiden of thee met een te sterk theïnegehalte) en kan in principe zelfs groentebouillon of soep drinken als de bestanddelen ervan heel goed gemixt zijn en er niet al te veel kruiden worden toegevoegd. Ikzelf verkies enkel water en thee zonder theïne.
Dat gaat allemaal zonder problemen. Men hoeft zeker niet te denken dat men één of ander tekort aan voedingsstoffen zou veroorzaken als men geen groentesoepen, vitaminerijke sappen of wat dan ook tot zich zou nemen. Voor een korte periode van tien dagen volstaan de voedingsstoffen van rijst zeer zeker.

Concrete vormen van vasten

Wel overgiet ik de rijst met een beetje sojasaus, deels omdat dit wat meer smaak geeft en deels omdat sojasaus veel zouten bevat. Zoals ik duidelijk maakte in de bespreking van een volledige vasten is wat extra zout zeker welkom. Het ondersteunt de werking van de nieren en houdt zo de bloeddruk onder controle.

Het uiteindelijk idee achter de rijstvasten is heel eenvoudig dat men geen ander vast voedsel eet behalve één graansoort. Het lichaam wordt na een paar dagen dermate gewoon aan het verteren van dat ene voedingsbestanddeel dat het niet alleen heel snel en gemakkelijk zal verteren maar ook elk bestanddeel zo goed mogelijk wordt opgenomen. Daardoor wordt het spijsverteringsstelsel helemaal leeggemaakt.
De wetenschappelijkheid van een dergelijke veronderstelling kan opnieuw enigszins in twijfel getrokken worden, maar het is zonder meer de ervaring die men als vaster heeft.
Ook de reden waarom deze vastenvorm tien dagen duurt, is misschien wat dubbelslachtig. Zo werd mij ooit verteld dat het bloed in het lichaam na tien dagen zou 'verversen'. Opnieuw berust dit echter niet op enige wetenschappelijke grond. Niettemin lijkt tien dagen inderdaad exact de periode te zijn waarop deze vasten zijn volle effect kan hebben. Stopt men vroeger, dan zal de vaster het gevoel hebben niet hetzelfde niveau te hebben bereikt en stopt men later dan lijkt het misschien toch wat de ongezonde toer op te gaan. Het is dus tegelijkertijd net kort genoeg om fysiek niet schadelijk te zijn en net lang genoeg om toch ook niet al te 'gemakkelijk' te zijn, want het kost wel degelijk wat moeite en doorzettingsvermogen om de vasten volledig

De praktijk van vasten

te beëindigen.

Doordat men er op tien dagen fysiek geen schadelijke gevolgen van ondervindt is deze vasten trouwens sterk aan te raden aan iemand die toch heel diepgaand wil vasten, maar gedurende de vastenperiode zijn normale activiteiten en werk wel verder te zetten.

Tot slot is een periode van tien dagen net goed om niet in een fasting high terecht te komen – iets wat zich zowel na een rijstvasten als een volledige vasten kan voordoen. Dat is een soort aangenaam gevoel dat sommige vasters ondervinden na een langdurige vasten. Het zorgt ervoor dat men de vasten niet meer wil stopzetten. Als iemand de diepe rust van geest en lichaam gewaarwordt, als het verterende en verhelderende effect zich aandient, bereikt men immers een zekere mentale toestand die men maar al te graag zo lang mogelijk zou willen vasthouden. Het vasten kan de vaster daardoor in een soort roes brengen, een soort gelukzaligheid die men wil bewaren – vandaar de 'fasting high'.

De fasting high kan er dan ook voor zorgen dat de vaster het soms moeilijk heeft om terug te keren naar de 'normale' voedingsgewoontes. Ook daarvoor moet men opletten. Het is niet omdat het vasten een aangename bewustzijnstoestand met zich meebrengt dat men ermee moet doorgaan. Daarrond draait het niet in een vasten. Eenmaal de gewaarwordingen de focus worden, dan wordt de vasten niet meer gedaan om zijn spirituele doel, maar om egocentrische redenen.

Daarom is het ook essentieel om de periode van een onvoorwaardelijke vasten[*] heel duidelijk af te bakenen

---

[*] Als iemand een voorwaardelijke vasten onderneemt als geweldloze actie (d.w.z. een vasten waarbij men bepaalde eisen

en om de vasten te stoppen als de tijd gekomen is. Dat zal de vaster ervan weerhouden 'verslaafd' te worden aan de 'fasting high'. Als de vaster door zelfreflectie achterhaalt dat het deze verslaving is die hem of haar verder doet gaan, dan moet hij of zij onmiddellijk ophouden. Een spirituele vasten is er immers net op gericht om zich vrij te maken van elke verslaving en egogerichtheid.

Tien dagen voor een rijstvasten en drie dagen voor een totale vasten zijn zeker geen overdreven periodes en zullen normaal gezien ook geen fasting high veroorzaken. Het stoppen met vasten na de vastgestelde periode zal voor de vaster misschien soms wat jammer lijken maar tegelijk ook worden geapprecieerd van zodra hij of zij weer (ander) voedsel tot zich neemt.

Wil men werkelijk voor langere tijd vasten, dan lenen andere vormen zich daar weer beter toe.

Eénpuntsvasten

Aangezien vasten er deels op gericht is om zich te ontdoen van vastgeroeste levenspatronen en diepe gehechtheden, kan het ook een vorm aannemen waarbij slechts één specifieke gehechtheid of egofixatie wordt aanpakt.

In een dergelijke vasten gaat men analyseren en nagaan hoe de patronen van de geest zich verhouden tot het

---

stelt waaraan voldaan moet worden voor de vaster zijn actie stopzet), dan is dat natuurlijk een heel andere zaak, maar dat is een heel specifiek geval.

ene 'ding' waarvan men zich onthoudt en gaat men de gehechtheid proberen te doorbreken.

Dat ene element waarvan men zich onthoudt, kan iets zijn dat onaangenaam is voor anderen, dat schadelijk is voor zichzelf of dat de relatie met God verhindert. Of men kan het gewoon achterwege laten omdat de innerlijke stem daartoe aanspoort.

Wil deze vastenvorm werkelijk effect hebben, dan moet men zich van dat ene element onthouden voor een langere tijd – minstens een aantal weken. Veertig dagen is zeker een mooie mogelijkheid, indien niet omwille van de lengte, dan op zijn minst omwille van de symboliek.

Het is ook essentieel dat men verder doet met alles wat men gewoonlijk doet: job, studies, enz. Het leven van de vaster moet juist identiek zijn aan zijn of haar 'normale' leven maar dan min dat ene ding waarvan men zich onthoudt.

Eén van de meest evidente voorbeelden is natuurlijk het zich onthouden van alcohol voor een bepaalde periode. Hiermee wil ik deze vorm van vasten niet voorstellen als een manier om werkelijk aan alcohol verslaafde mensen te helpen, maar het kan wel een onverwachte ervaring zijn voor diegenen die menen dat ze hun drankgewoonten onder controle hebben. Voor zij die af en toe op café gaan met vrienden of zo nu en dan thuis genieten van een goed glas, kan het soms verrassend zijn om te achterhalen in welke mate zij afhankelijk geworden zijn van de alcohol. Niet drinken voor een langere periode brengt soms gevoelens van ongemak of goesting aan de oppervlakte op die momenten dat men gewoon is iets te drinken.

Ook als men dus op zich helemaal geen nood heeft aan

alcohol om zich te ontspannen of plezier te maken, kan het eigenaardig zijn om tijdens een vasten bijvoorbeeld naar een feestje te gaan en plots te ervaren hoe het niet 'hetzelfde' is of hoe men het gevoel heeft dat er iets 'ontbreekt'. Op zulke momenten wordt de vaster zich bewust van de aantrekking die schuilt in datgene waarvan men zich onthoudt. Precies op zo'n moment wordt men zich ervan bewust dat die aantrekking er in feite altijd is, maar dat men er normaal gezien zonder veel nadenken en zonder veel problemen gewoon aan toegeeft.

Daarin schuilt ook niet noodzakelijk iets verkeerds. Het gaat hier immers niet om het afkeuren, wel om het besef ervan.

Op dezelfde manier kan dit soort vasten gedaan worden door heel andere dingen achterwege te laten. Het is aan de vaster om uit te maken wat hem precies verhindert in zijn relatie met God of wat hem er soms van weerhoudt oprecht te leven, liefde te geven of juist te handelen. Het is de vaster die moet beslissen welke kleine of grote gehechtheden de vrijheid van de ziel verhinderen.

Stoppen met roken, koffie of elke andere drug of zich eventueel onthouden van seksuele handelingen zijn zeker ook mogelijkheden. Het hoeft daarenboven niet steeds 'fysiek' te zijn. Men kan zich bijvoorbeeld ook een vasten voorstellen waarin men gedurende een bepaalde periode beslist om een deel van een dag (of een hele dag indien mogelijk) te zwijgen.[*] Of men kan er voor kiezen geen tv te kijken. Of men kan bijvoorbeeld afzien van elke vorm van gemotoriseerd

---

[*] Gandhi hield bijvoorbeeld jarenlang vast aan zijn gelofte van stilte, wat inhield dat hij op maandagen geen woord sprak.

De praktijk van vasten

transport, enz.

Door zich te onthouden van één specifiek element zal een vaster zichzelf confronteren met zijn gehechtheden en daar gegarandeerd heel wat uit leren. Er zullen zich onvermijdelijk bepaalde momenten voordoen waarin de drang naar datgene wat men probeert na te laten, sterker wordt. Koppelt men deze momenten aan voldoende zelfreflectie, dan krijgt men normaal gezien meer inzicht in de werking van de eigen geest en de subtiliteiten van het eigen ego.
Daarenboven wordt het éénpuntsvasten ook een heel sterke spirituele training als men even moet 'doorbijten' in moeilijke momenten.
Maar waakzaamheid is geboden. Confrontatie met de eigen gehechtheden is goed, absurde spelletjes spelen met de eigen geest is verkeerd. Men moet zich dus niet bezighouden met het creëren van bepaalde situaties waarin men het moeilijk heeft. De 'moeilijke momenten' zullen zich vanzelf wel aandienen. Als de vasten er bijvoorbeeld in bestaat geen alcohol te drinken, dan kan het een eigenaardige ervaring zijn alcohol achterwege te moeten laten op één of ander feestje, maar het wordt absurd als men er voor kiest om elke week naar cafés en discotheken te gaan, gewoon om te zien of men zich kan inhouden.
Het lijkt misschien wat overdreven om hiervoor te waarschuwen, maar dat is het eigenlijk niet. Eén van de dingen die men uit een éénpuntsvasten immers kan leren is dat men vaak verleid *wil* worden. De spanning van de verleiding is nu eenmaal een heel groot onderdeel van de gehechtheid zelf. En het zoeken naar deze spanning kan de vaster in die situaties brengen

waarin men de verleiding intenser voelt.
Tijdens een langdurige éénpuntsvasten stelt de geest van de vaster zichzelf nu eenmaal geregeld op de proef. De vaster zal zichzelf immers allerlei argumenten voorleggen in de hoop een reden te vinden die toelaat om de vasten op te geven. "Wat is het nut? niemand verwacht van jou dat je dit doet", "Je hebt het nu al twee weken volgehouden, je hebt eigenlijk wel al getoond dat je het kan, je kan er dus even goed nu al mee stoppen.", "Op dit moment heb je het *echt nodig*, je hebt de laatste tijd al zoveel meegemaakt, nu verdien je het toch om de vasten even te doorbreken.", enz. Met deze en andere bedenkingen probeert een vaster zichzelf te overtuigen om toch niet door te gaan, soms met schijnbaar grootse filosofische argumenten en soms met eerder kleine emotionele opwerpingen.
Een vaster kan zich tijdens een éénpuntsvasten m.a.w. soms werkelijk voelen als een figuur uit een cartoon, met een duiveltje op de ene schouder en een engeltje op de andere. Het duiveltje probeert je ervan te overtuigen om de vasten op te geven en het engeltje wil je overhalen om door te zetten.
Dezelfde argumenten keren trouwens vaak terug. Het is niet omdat je ze in de ene vasten overwonnen hebt, dat je ze in de volgende vasten niet meer aan jezelf voorlegt. Elke keer weer probeert een vaster zichzelf dus met exact dezelfde redeneringen te overhalen.

Dat men tijdens een vasten worstelt met de eigen ziel hoeft ook niet te verbazen, want een vaster *wil* nu eenmaal datgene waarvan hij of zij zich tijdens een vasten onthoudt (als hij het niet echt zou *willen* dan zou het weinig zinnig zijn om er een éénpuntsvasten van te

maken, want dan laat men in feite niets achterwege).
Het komt er uiteindelijk ook op aan om telkens opnieuw standvastig te zijn. Wil men het ego doorbreken dan mag men niet toegeven aan zichzelf. Met minder leren tevreden zijn is niet gemakkelijk maar wel doenbaar. Zet de vaster door, dan vallen de gehechtheden ook weg, want uiteindelijk verdwijnt ook het *willen*.
Een éénpuntsvasten kost dus wel enige innerlijke strijd – zowel emotioneel als intellectueel – maar wie standvastig blijft, zal ontdekken dat er zich uiteindelijk een diepe vrede in de geest nestelt en het proces een voleindiging vindt. Vandaar dat een éénpuntsvasten wat langer moet duren.

Om de innerlijke worsteling van een éénpuntsvasten vlot door te komen, is het opnieuw van belang dat men in het achterhoofd houdt dat het vasten geen doel op zich is en dat zelfs het 'zich ontdoen van gehechtheden' geen doel op zich is. Het is een gevolg, maar niet het uiteindelijke doel. Het doel is en blijft immers de focus op God.
Begeerten en egogerichtheid verdwijnen pas echt in het licht van Godgerichtheid. De ziel heeft nu eenmaal God nodig om het ego te overstijgen. Elke vasten maakt leeg, niet omwille van de leegte maar om plaats te maken voor het goddelijke.
Het lijkt misschien allemaal wat zwaar gesteld, zeker aangezien het hier om een eerder lichte vorm van vasten gaat. Zo is er uiteraard geen immense Godgerichtheid nodig om een periode van enkele weken zonder alcohol door te komen. Het is voor velen een goede oefening, maar helemaal niet problematisch of

uitermate moeilijk. Maar ik wil hier niet zozeer wijzen op een functionele 'noodzaak', wel op een basisprincipe van de spiritualiteit van het vasten: als er geen zelfgave is dan geeft het zelf enkel aan zichzelf. Als er geen echte liefde met de vasten gepaard gaat, komt het vasten uiteindelijk voort uit een narcistisch doel. Als men niet streeft naar een groter Godsvertrouwen, dan blijft men alleen zichzelf vertrouwen.

Wie ervan uitgaat dat hij door te vasten iets gevonden heeft dat hem in staat stelt zichzelf door zijn eigen kracht van gehechtheden af te helpen, zal uiteindelijk alleen nog meer gehecht raken aan zijn eigen ego. Zo iemand heeft geen nederigheid ontdekt maar blijft gehecht aan de overtuiging dat zijn eigen krachten hem doen overwinnen. Zo iemand heeft niet begrepen dat het loslaten uit liefde de enige echte kracht is.

De praktijk van vasten

De vastenperiode

De veertigdaagse* vastenperiode van de christelijke liturgische kalender is een heel goede periode om een éénpuntsvasten te doen.
Tijdens de vastenperiode krijgt een vasten immers meteen ook de extra dimensie dat men het 'voor God' doet. Door de herinnering aan Jezus' verblijf in de woestijn en door verwachtend naar Pasen uit te kijken, wordt de vasten op een heel intense manier aan God toegewijd.
Daardoor is deze periode een tijd waarin men de spiritualiteit van het vasten intenser kan beleven – toch zeker als christen. Dat kan men nog meer kracht bijzetten door tijdens die veertig dagen verschillende vormen van vasten te combineren.
Ik combineer bijvoorbeeld vaak een éénpuntsvasten (zoals het nalaten van alcohol) met op het einde van de veertig dagen een tiendaagse rijstvasten, die ik op Goede Vrijdag dan weer afsluit met één dag van volledig vasten.
Daarenboven koop ik in die periode enkel basisproducten zoals voeding, probeer ik de hoeveelheid voeding te beperken en mediteer ik nog

---

* In feite duurt de christelijke vastenperiode 47 dagen, waarbij de zondagen geen vastendagen zijn. Als ik een éénpuntsvasten doe in deze periode hou ik echter geen rekening met deze zondagen, aangezien ik de vasten dan elke week zou kunnen doorbreken en dat ondergraaft het nut van een éénpuntsvasten die net een langere periode volgehouden moet worden.

vaker dan in andere periodes.
Het maakt het vastenproces in elk geval compleet. Misschien is de combinatie van dit alles weggelegd voor een vaster met een beetje meer ervaring, dat wil zeggen, met een beetje meer 'spirituele training', maar het kan voor sommigen waarschijnlijk als inspiratie dienen.
Tot slot moet ik er ook op wijzen dat ik op het einde van de vasten een financiële gift doe aan een organisatie die zich inzet voor de armen. Bidden, vasten en aalmoezen geven zijn nu eenmaal sterk met elkaar verbonden religieuze praktijken. Ze zijn immers alle drie gecentreerd rond het 'leren geven'. Met de aalmoes geeft men bestaan aan de naaste, met het vasten geeft men vrijheid aan de ziel, met het bidden geeft men zichzelf aan God.

Ramadan

Een vasten waar men niet veel ervaring voor nodig heeft, is het type vasten zoals de ramadan, waarbij men enkele weken lang een bepaalde periode van de dag niet eet. Deze vorm van vasten is heel geschikt als solidariteitsvasten, aangezien het vasten door een grote groep kan worden gedaan. De ramadan kan natuurlijk heel zwaar worden wanneer die bijvoorbeeld in de zomer valt en de dagen lang en heet zijn, maar normaliter kan zowat iedereen een dergelijke vasten wel aan.
Zelf heb ik vanwege mijn eigen christelijke culturele achtergrond nooit een volledige ramadan gevast. Wel heb ik verschillende keren enkele dagen mee gevast met

De praktijk van vasten

enkele moslimvrienden. Mijn ramadanvasten had dus steeds expliciet solidariteit als doel.
Dat is verre van onlogisch, aangezien de ramadan groepsverbondenheid net heel sterk voor ogen heeft. Dat was al zo in Mohammeds tijd.

De eerste keer dat ik samen met een moslimvriend vastte, was ik nog student aan de universiteit in Gent. Uit interesse vroeg ik mijn Turkse vriend naar de regels van de ramadan en besloot ze een paar dagen te volgen.
Al snel viel op dat de goede band die we al hadden nog versterkte. Ik herinner me bijvoorbeeld goed hoe we op een zekere avond nog laat les hadden, op het moment dat we de vasten mochten breken. Zonder dat de professoren het zagen, aten we samen een mandarijn, die mijn vriend speciaal voor mij had meegebracht. Een eenvoudig maar hartverwarmend moment.
Wel was ik me ook bewust van het feit dat deze ramadandagen ons sterker met elkaar verbonden omdat de andere studenten geen moslims waren en zij dus niet vastten. Onze band werd m.a.w. steviger doordat we ons met twee een stuk profileerden binnen de rest van de groep.
Dat kan dan ook een mogelijke valkuil zijn van deze vastenvorm. Een solidariteitsvasten kan ironisch genoeg verschillende groepen uit elkaar drijven. Het kan de vastende groep het gevoel geven 'beter' te zijn dan de andere.
Dergelijke gevoelens of gedachten horen uiteraard niet thuis in een ramadan. De ramadan is, net als andere vastenvormen, een tijd van nederigheid. Door stevige zelfreflectie en bewuste Godgerichtheid moet men dan ook vermijden dat het een manier wordt om zich af te

scheiden.
Een oprechte vaster moet zich dus vooral op het groepsbindende van deze vasten richten en het verdelende of egovergrotende (ook wat het 'groepsego' vergroot) onmiddellijk verwijderen. Doet men dat, dan is deze vasten een prachtige belevenis die ook spiritueel sterkere banden kan smeden.

Gebed

Gebed is niet alleen een essentieel onderdeel van het vasten, maar kan op zichzelf ook als een vorm van vasten worden beschouwd.
Wanneer we de tijd nemen om stil te zitten, niets te doen behalve ademen en het hart, de kracht, de geest en de ziel toe te laten zich op God te richten, dan zijn onze daden, net zoals in een vasten, in overeenstemming met onze woorden.
Tijdens het bidden houdt men op met steeds verder te hollen en datgene na te jagen waarvan we denken dat we het nodig hebben.
Op zich is gebed dan ook een heel sterk geweldloos verzet tegen de moderne haast van carrière, rijkdom en roem.
Net zoals Gandhi kon zeggen dat God waarheid is en waarheid God, kon hij zeggen dat gebed vasten is en vasten gebed: "Er bestaat geen gebed zonder vasten, waarbij vasten in zijn breedste betekenis wordt genomen. Een complete vasten is een complete en letterlijke ontkenning van het zelf. Het is het meest waarachtige gebed. 'Neem mijn leven en laat het zijn,

altijd en enkel voor U' is niet enkel lippendienst of een symbolisch gezegde. Het moet het meest roekeloze en blije geven zijn, zonder enige terughoudendheid."[56]

De spiritualiteit van het vasten

God alleen
is de rechter van echte grootheid
want Hij weet
wat er in de harten van de mensen leeft.

Gandhi

Satyagraha

"Ik vereer God als Waarheid. Alleen heb ik Hem nog niet gevonden. Ik zoek naar Hem. En zolang ik de Absolute Waarheid niet heb gerealiseerd, zolang moet ik me vasthouden aan de relatieve waarheden van de manier waarop ik de Waarheid begrijp." schreef Gandhi in het voorwoord van zijn autobiografie.

Als Gandhi zichzelf een satyagrahi noemde, iemand die vasthoudt aan de waarheid, dan wilde hij daarmee dus niet beweren dat hij Gods Absolute Waarheid had gevonden. Hij was nederig genoeg om te beseffen dat hij slechts standvastig kon zijn in die principes, in die delen van de waarheid, waarvan hij tot dan toe een glimp opgevangen had.

Satyagraha is dan ook een spiritueel concept dat iedereen in zijn eigen leven kan toepassen want iedereen kan zich de vraag stellen wat 'vasthouden aan de Waarheid' betekent in het licht van zijn eigen religieuze traditie en spirituele achtergrond, in het licht van de kleine glimp van Waarheid die hij reeds heeft opgevangen.

Zo kan ik mezelf en allen die zich verbonden voelen met de christelijke traditie deze vraag voorleggen: wat betekent vasthouden aan de christelijke Waarheid? Wat betekent christelijke satyagraha?

Het antwoord is niet zo ver te zoeken en het verschilt, zoals men kan verwachten, helemaal niet zo sterk van Gandhi's invulling van satyagraha.

Christelijke Satyagraha betekent heel eenvoudig:

'Standvastig zijn in de Liefde voor God en de liefde voor de naaste'. Christelijke satyagraha is het *uitvoeren* van het eerste en tweede gebod.

Een christelijke satyagrahi probeert dan ook met zijn daden te tonen dat hij God liefheeft met heel zijn kracht, heel zijn geest, heel zijn hart en heel zijn ziel. En dat hij zijn naaste bemint zoals zichzelf.

Christelijke satyagraha is met andere woorden Gandhi navolgen vanuit de achtergrond van het evangelie in plaats van de Bhagavad-Gita. Maar tegelijkertijd is het ook Christus navolgen zoals een oude, kleine, vastende Indiër ons dat voortoonde.

De oproep van christelijke satyagraha is dan ook deze: reflecteer over je daden vanuit het standpunt van liefde, richt je (opnieuw) op God en pas aan wat niet coherent is met Zijn bestaan en Zijn Liefde.

Christelijk vasthouden aan de waarheid betekent dus niet dat men dogmatisch moet vasthouden aan bepaalde theologische principes en is geen oproep om onze intellectuele zoektocht naar de oplossing voor filosofische moeilijkheden in de christelijke leer te versterken. Ik wil niet beweren dat deze zoektocht niet noodzakelijk is, maar christelijke Satyagraha draait gewoon om iets anders. Christelijk vasthouden aan de waarheid gaat niet om het bestuderen van het evangelie, het gaat om het evangelie *leven*.

Sint-Franciscus zou ooit hebben gezegd: "verspreid overal en altijd het evangelie en als het écht moet, doe het dan met woorden." Franciscus was zonder het te weten een perfecte satyagrahi.

Samen met Franciscus tonen heel wat heiligen dat christelijke satyagraha zonder meer mogelijk is. Ook vandaag.

Zij vormen daarmee ook een tegenvoorbeeld voor het hedendaagse verengen van onze christelijkheid. De werkelijke reikwijdte van het christendom wordt vaak niet echt gevat. Sommigen doen het af als één of andere toevallige spirituele filosofie. Tijdens zogezegd 'diepe' gesprekken dragen ze dan argumenten aan die voor hen duidelijk maken waarom God wel of niet bestaat en verwijzen ze naar woorden van Christus om hun beweringen te staven. Anderen beperken het tot een soort culturele verbondenheid met bepaalde waarden zoals vriendelijkheid en vergiffenis. Nog anderen doen het af als een puur sociale beweging en plaatsen de spirituele principes in een ondergeschikte positie. Maar een satyagrahi beperkt zijn religieus-zijn niet tot het geloof in God of het hebben van een visie op mens en wereld. En een satyagrahi beperkt zijn spiritualiteit ook niet tot sociale inzet. In satyagraha, christelijk of niet, gaat het om het samenballen van spirituele drijfveer en de sociale daden. Satyagraha gaat over het naar buiten brengen van een diep in de ziel gewortelde Godgerichtheid. Of eenvoudig gezegd: het is een poging om ons leven zo oprecht mogelijk te leven.

Hoe klein ons leven is, heeft geen belang want een satyagrahi gelooft dat er een onzichtbare kracht is die elk oprecht leven – hoe klein ook – zal omzetten in iets groots.

Hetzelfde geldt voor een vasten. Hoe klein onze vasten ook is, een oprechte vasten is altijd een spirituele daad van zelfgave. En zoals Christus' leven en dood duidelijk maakten: God geeft zich aan wie zich aan Hem geeft.

Vasten is dus pure satyagraha. Ook voor Christenen.

Een religieuze wetenschap

Gandhi zei steeds dat hij vasten tot een 'religieuze wetenschap' had gemaakt.
Hij gebruikte het woord wetenschap daarbij uiteraard niet in zijn strikte betekenis. Hij had het niet over statistieken of zekerheden die gebaseerd zijn op de wetten van wiskunde, fysica en chemie. Hij verwees niet naar het herhalen van laboratoriumexperimenten in klinische contexten en hij doelde evenmin op wetenschapsfilosofische concepten zoals falsifieerbaarheid of inductie.
Met wetenschap bedoelde hij wel het opdoen van persoonlijke ervaringen die tot een dieper inzicht leiden. Hij zag zijn wetenschap dus als het testen van wezenlijke principes en processen. Vasten test immers *spirituele* principes en processen. En het test onszelf.
Daarom zag Gandhi het als één van zijn 'experimenten met de Waarheid'. En dat is meteen ook waarom het een *religieuze* wetenschap is. Zijn wetenschap focust zich immers op Gods Waarheid en op het bestaan van die Waarheid in ons eigen leven.

Als vasten een *wetenschap* is, kan het echter geen kleine, losse en eenzame test zijn maar dan is het een onderdeel van een groter kennisgeheel. En als het een echte *religieuze* wetenschap wil zijn, dan is vasten m.a.w. altijd verbonden met andere religieuze praktijken. Sterker nog, vasten zal nooit helemaal begrijpelijk zijn zonder andere religieuze praktijken want het moet nu eenmaal verbonden blijven met de basisfundering: de diepgaande en oprechte zoektocht van de ziel naar God.

Natuurlijk kan vasten worden gezien als een mogelijke vorm van psychotherapie en uiteraard kan men het vasten op zich aanpakken als een soort zuiveringskuur, maar niet als het gebruikt wordt als satyagraha. Als instrument van satyagraha kunnen we het niet reduceren tot een bepaalde technische praktijk of een louter strategisch middeltje. De werkelijke vruchten van vasten als een manier om vast te houden aan de Waarheid zijn immers onlosmakelijk verbonden met een hele traditie en religieuze structuur.

Vasten als satyagraha kan dus nooit een louter lichamelijke therapie zijn. Als men alle dimensies van het vasten voldoende tot uiting wil brengen, moet het vasten steeds geïntegreerd worden in het complexe kluwen van lichaam, ziel, kracht en verstand.

Laat ons dus nooit met vasten doen wat vaak gedaan wordt met meditatie: laat ons vasten nooit uit zijn spirituele context plukken en het gebruiken als een soort zelfhulptherapie. Als je werkelijk tot de diepste kern van het vasten wil komen, moet het steeds gericht blijven op het doel: Gods Liefde & Waarheid.

Ontdoet men het vasten van spiritualiteit, dan wordt het een dieet. Met diëten is uiteraard niets verkeerd, maar indien men het daartoe beperkt, zal het vasten nooit de kracht krijgen die nodig is om bij te dragen aan een diepere vrede in zichzelf en de wereld.

Innerlijke en uiterlijke vrede

God is niet enkel een kracht buiten ons. Hij is niet enkel een morele wetgever of een schepper die ons transcendeert. God is ook steeds aanwezig *in* de wereld. Zijn kracht werkt ook *in* ons want hij stroomt door alles wat bestaat.
Het is Gods Geest die over en door de schepping waait. Het is Gods Geest die kracht verleent aan alles wat zijn Liefde navolgt. Het is Gods Geest die elke daad van zelfgave opneemt en uitdraagt.
Het is dan ook Gods Geest waarvan wij vervuld worden als wij ons leegmaken tijdens een vasten.
Het zou dan ook geen probleem mogen zijn voor een satyagrahi – en zeker niet voor een christelijke satyagrahi – om te aanvaarden dat de verschillende dimensies van het vasten, hoe klein ze ook beginnen, leven worden ingeblazen door Gods Geest en door de kracht van die Geest een veel grotere impact kunnen krijgen dan men oorspronkelijk zou verwachten.
Christenen zien jammer genoeg vaak over het hoofd dat de Heilige Geest zich in een vasten werkelijk kan laten zien.
Vasten werd – toch zeker in het westen – alsmaar minder belang toegedicht, uitgehold tot een eerder symbolische aangelegenheid, een gift voor de armen, het nalaten van heel kleine aspecten of een lichamelijke zuiveringskuur.
Vasten zou echter ook voor christenen heel wat meer moeten zijn dan dat. Vasten biedt immers een

ongelooflijke mogelijkheid om in het eigen leven (terug) meer spirituele kracht op te wekken.

Juist omwille van het feit dat Gods Geest zich via een vasten kan manifesteren, zouden christenen geneigd moeten zijn zich erop te richten in moeilijke momenten, want zowel bij innerlijke conflicten als bij spanningen met mensen rondom zich, kan vasten een uitweg bieden. Zowel grote als kleine conflicten bestaan immers vaak uit botsingen van ego's en hun geblokkeerde begeerten. Dus wanneer een christen zich in een conflict bevindt dan zou hij moeten beseffen dat vasten een uitweg kan bieden omdat de vaster door het vasten de Geest van God voorbij zijn eigen ik kan brengen. Anders gezegd: het eigen ego wordt afgebroken en God krijgt meer ruimte. Daardoor borrelt vanuit het vasten een spirituele kracht op die doorheen lichaam, hart, geest en ziel kan stromen en zo het conflict kan doorbreken.

Vooreerst kan vasten natuurlijk gebruikt worden als geweldloos verzet, maar deze dimensie is niet in ieders leven even relevant. Weinig mensen bevinden zich in conflicten die zo'n drastische proporties aannemen dat zij vragen om een vasten als geweldloos verzet om de rechtvaardigheid te herstellen. Alle andere dimensies zijn echter wel op zowat eenieders leven toepasselijk en kunnen evenzeer conflicten voorkomen en ontwarren.

Zo is het in de eerste plaats in geen enkel conflict verloren moeite om innerlijk wat dieper in zichzelf te graven. Wanneer mensen nederiger worden, leren inzien welke fouten ze hebben gemaakt en zich willen voornemen deze niet meer te maken dan gaan ze minder snel in rigide vooroordelen vervallen, minder snel de anderen van alles de schuld geven en minder snel gewelddadig optreden. Vasten als zelfreflectie leert met andere woorden de balk eerst uit het eigen oog te verwijderen alvorens de splinter uit het oog van een ander te halen. En dat is altijd een allereerste stap om een conflict te doorprikken.

Vasten als religieuze training kan mensen dan weer voorbereiden op die momenten waarbij werkelijke satyagraha noodzakelijk blijkt. Wanneer men in typische dagelijkse spanningen terechtkomt, zal een 'spiritueel getrainde' persoon innerlijk sterker staan en zich kunnen vasthouden aan de Geest van waarheid, liefde en geweldloosheid in plaats van onmiddellijk het eigen gelijk te willen halen en de eigen sterkte te willen etaleren. Zo haalt men de drijfveer uit de conflicten.

En tot slot blijven vasten als economische bevrijding en solidariteit natuurlijk de meest duidelijke voorbeelden van de wijze waarop wij de grote conflicten in de wereld kunnen helpen doorbreken. Het is heel evident dat vrede zich nooit zal aandienen als mensen vastgekluisterd blijven aan de economische onevenwichten en onrechtvaardigheden van onze tijd. Als niemand bereid is om het één en ander op te geven, stevenen we langzaam maar zeker af op de vernietiging van onze maatschappij. Mensen die in inhumane omstandigheden worden vastgehouden, zullen uiteindelijk tot gewelddadig verzet gedreven worden en de verdere uitputting van de aarde zal enkel olie op het vuur gooien.

Er is weinig ontkomen aan: elk gesprek over het herstel van vrede is compleet absurd en inefficiënt als er niet ook iets wordt gedaan aan de diepere oorzaken van die conflicten. We *weten* dat allemaal, we *doen* er alleen heel zelden iets aan.

De spiritualiteit van het vasten

We denken heel vaak dat we ons niet in de positie bevinden om conflicten te doorbreken en vrede op te wekken. Ik hoop echter dat dit boek aantoont dat *iedereen* zich eigenlijk *altijd* in de situatie bevindt om er iets aan te doen.
De spiritualiteit van het vasten is altijd een mogelijkheid om het onrecht in de samenleving te weerstaan. Vasten is altijd een mogelijkheid om genoeg te leren hebben met minder en als zodanig geen onrechtvaardige economische druk meer te leggen op de armen in de derde wereld die de dupe zijn van onze overmatig consumerende maatschappij of onze egobelangen. Vasten is altijd een mogelijkheid om je solidair te tonen met mensen die het moeilijk hebben. Vasten is altijd een mogelijkheid om tot grotere verbondenheid te komen met diegenen die steeds opnieuw gemarginaliseerd worden.
De spiritualiteit van het vasten is ook altijd een mogelijkheid om de innerlijke strijd met de eigen emoties, herinneringen en gehechtheden aan te gaan. Vasten is altijd een mogelijkheid om de eigen geest en ziel te versterken, zodat men leert loslaten wat nodeloos vastbindt. Vasten is altijd een mogelijkheid om de eigen patronen van materialisme en machtszoeken bloot te leggen en zich terug door het hogere bewustzijn te laten leiden. Vasten is altijd een mogelijkheid om de illusies van de mammon te doorprikken en zich terug met God te verbinden.

De weg van het kleine

Als we het hebben over vasten als mogelijkheid tot economische bevrijding of vasten als solidariteit, kan men zich afvragen wat het nut is van het vasten van één individu. Wat zal één persoon door te vasten kunnen veranderen aan de grote structurele problemen van armoede? Waarom zou men de moeite doen om te vasten zolang het niet op grote schaal wordt gedaan? Is het niet slechts een druppel op een hete plaat?
Maar iemand die denkt dat kleine daden niets kunnen teweegbrengen, heeft Gandhi nooit begrepen.
Een satyagrahi mag zich niet verschuilen achter dergelijke ongegronde angsten. Een satyagrahi moet geloven in Gods Geest en ervan overtuigd zijn dat elke daad die gesteld wordt vanuit een zuivere liefde uiteindelijk positieve gevolgen zal hebben in de wereld.
Zich verbergen achter het idee dat de eigen daden geen enkel effect zullen hebben, is in feite een gemakzuchtige manier om zichzelf ervan te overtuigen dat men geen moeite meer moet doen. Maar als er op een overduidelijke manier te veel onrecht heerst in de wereld, dan kan iemand die oprecht in Gods Liefde gelooft niet anders dan tot de conclusie komen dat hij moet proberen om daar verandering in te brengen. En als niet altijd duidelijk is op welke manier dat 'in het groot' kan, dan moet het maar 'in het klein'. Dat wil zeggen: iedereen kan altijd beginnen bij zichzelf.
Indien er geen vrede in de wereld is, dan kan een gelovige niet anders dan tot de conclusie komen dat er

niet genoeg Godgerichtheid – d.w.z. niet genoeg focus op rechtvaardigheid, waarheid en liefde – is in de wereld. En wie satyagraha in zijn eigen leven toepast, zal onvermijdelijk een heel klein beetje meer Godgerichtheid in de wereld hebben gebracht.

Het is uiteraard onzeker hoe, waar en wanneer de verdere effecten van deze Godgerichtheid zichtbaar zullen worden. Het is dus zeker niet altijd duidelijk hoe het recht zich precies zal herstellen en wanneer de ware liefde weer sterker zal schijnen. Het wordt echter al te vaak vergeten dat dat ook niet echt iets is waar wij ons zorgen over *moeten* maken. Het is enkel ons ego dat steeds opnieuw zeker wil zijn dat we het gewenste effect ook zullen bereiken. Het is ons ego dat niet genoeg heeft aan een kleine verandering maar enkel moeite wil doen voor een grote. Het is ons ego dat niet gelooft in de mogelijkheid van verreikende gevolgen en het is ons ego dat niet genoeg heeft aan beperkte gevolgen. Het is ons ego dat enkel deel wil zijn van grote daden en er daarenboven veel erkenning voor verwacht.

Het is daarentegen onze ziel die spreekt als we gewoon doen wat we voelen dat we moeten doen en de rest overlaten aan God. Onze ziel doet uit liefde en vraagt daarvoor niets terug, maar ontvangt nederig en blij – zowel het kleine als het grote. Onze ziel beseft hoe het aan God is om iets met zijn Geest te bezwangeren en het verder te doen groeien. Wij kunnen handelen in overeenstemming met Gods Geest, maar het is aan de Geest zelf om verder te waaien waarheen Hij wil.

"Een pure vasten, net als een plicht, is zijn eigen beloning." schreef Gandhi "Ik begin er niet aan omwille van de resultaten die het misschien zal hebben. Ik begin

eraan omdat ik moet."[57]
Gandhi had heel goed begrepen dat het niet de grootheid van een bepaalde daad is die telt, maar de puurheid waarmee de daad wordt gedaan. Gandhi's hele leven was gevuld met schijnbaar zinloze kleine daden, maar ze werden gedaan uit pure liefde voor God en de naaste.
Eigenlijk is het ook niet zo moeilijk: wat een liefdeloze wereld nodig heeft, is uiteraard liefde, niet rijkdom of grootheidswaanzin. Wat een vredeloze wereld nodig heeft, is meer waarheid, verzoening en vergeving, niet meer wetten, regels of structuren.
Gandhi wist als geen ander dat kleine daden in de ogen van God vaak heel belangrijk kunnen zijn en dat grote daden door de Waarheid vaak worden ontmaskerd als pure oplichterij.
In de kern van de spiritualiteit van het vasten schuilt dan ook een eenvoudige gedachte: kleine daden kunnen een ongelooflijke impact hebben en zelfs als de directe impact klein is, zijn ze inherent de moeite waard.
In de zuiverheid van één oprechte stap kan zich meer Godaanwezigheid bevinden dan in een pelgrimstocht van duizend kilometer, als die tocht op een onzuivere manier werd ondernomen. Een bord soep geven aan een hongerige kan meer waard zijn dan honderden zorginstellingen als die ene daad vervuld was van pure Liefde en Waarheid en de zorginstellingen vastroesten in hun eigen structuren.

Toch staren de meesten zich blind op Gandhi's grote verwezenlijkingen in plaats van naar de kleine, eenvoudige en prachtige daden in zijn leven te kijken en hun waarde te leren begrijpen.

De spiritualiteit van het vasten

Gandhi maakte bijvoorbeeld zijn eigen toilet schoon (wat inhield dat hij zijn eigen uitwerpselen verwijderde, aangezien er geen rioleringen waren in zijn ashrams). Dat was niets meer of minder dan een heel sterke reactie tegen het feit dat dit soort werk normaal enkel door onaanraakbaren werd gedaan. Als iemand er werkelijk overtuigd was dat dalits de toiletten van anderen niet hoefden schoon te maken, dan betekende dit dat hij het zelf moest doen. Het was een grote les voor zowel hemzelf als de bewoners van zijn ashram en het was een ongelooflijk sterk middel om zijn vooroordelen en gewoontes te doorbreken.
Nog zo'n voorbeeld is het feit dat Gandhi nooit eerste klas reisde. Daardoor identificeerde hij zichzelf meer dan andere politici met de armen in India.
Het was ook Gandhi die van dorp tot dorp wandelde in de regio van Noakhali, om er vrede en verdraagzaamheid te prediken op het moment dat de onafhankelijkheidsvlag voor het eerst werd gehesen door de 'grote' politieke leiders.
Wat iemand uiteindelijk tot een Mahatma, een grote ziel, maakt is niet zijn vertoon of politiek belang maar zijn kracht om patronen die anderen geweld aandoen, te doorbreken en gewoontes die anderen in onrecht gevangen houden, te overstijgen.

Een verhaal dat ik heel vaak vertel en dat ik ook opnam in mijn boek over ego-afbraak, is dat van Vinoba Bhave, Gandhi's spirituele opvolger.
Hoewel hij in het westen bijna niet gekend is, is Vinoba Bhave één van de meest gerespecteerde figuren in de Indische geschiedenis. Hij vervoegde Gandhi reeds in zijn Sabarmati ashram en behoorde zijn leven lang tot

één van Gandhi's meest nabije medewerkers. Zo werd hij ooit door Gandhi gevraagd om als eerste een individuele satyagraha-campagne te beginnen. Na Gandhi's dood werd Vinoba in feite de spirituele opvolger van de Mahatma. Vinoba's verwezenlijkingen zijn in India van enorm belang. Zo blies Vinoba o.a. de enorm succesvolle Bhoodan-beweging het leven in. Tijdens zijn Bhoodan-beweging wandelde Vinoba in een aantal tochten door heel India, met als enige doel grootgrondbezitters te overtuigen bepaalde stukken van hun enorme landerijen af te staan aan landloze armen. Op die manier verzamelde Vinoba *meer dan 20.000 km² land* voor de armen. Dat is zo'n twee derde van België.

Op het einde van zijn leven verbleef Vinoba echter in alle rust in zijn Brahmavidya Mandir ashram en spendeerde er enorm veel tijd aan schijnbaar kleine details. Zo kon hij urenlang droge blaadjes, twijgjes en ander vuil van de grond rapen. Op zekere dag verwonderde een bezoeker zich hierover en vroeg aan Vinoba waarom hij zoveel tijd en energie verspilde aan zo'n triviaal werk. Het hele land had immers nood aan zijn hulp, zei de man. Maar Vinoba antwoordde, "Wel, beschouw het dan maar als mijn dwaasheid."

De ironie in dit antwoord is er één van pure wijsheid. Vinoba was zich er immers ten volle van bewust hoe dwaas en zinloos dat schoonmaken leek te zijn voor de wereld, maar hij wist ook dat de wereld de spirituele diepte ervan niet begreep.

"Het oprapen van vuil werkt voor mij zoals een bidkrans." zei hij ooit. "Met elk stukje stro dat ik oppak, komt de herinnering aan de naam van God. Er komt geen denken aan te pas, het is pure contemplatie. Een mens die geen vuil rondom zich toelaat, zal ook geen vuil in zichzelf toelaten en zal een grote drang voelen om het te verwijderen. Dat is een spirituele drang."[58]

Men kan zich afvragen in welke mate iemand werkelijk kan bijdragen tot meer harmonie in de wereld als hij niet de spirituele drang bezit om het innerlijk vuilnis uit zichzelf te verwijderen. Men kan zich afvragen wie vrede zal bewerkstelligen als hij in zichzelf en in zijn eigen leven het geweld alle ruimte laat. Men kan zich afvragen of iemand harmonie in de wereld kan brengen als hij nooit moeite doet om ook zichzelf van chaos en onrecht te zuiveren.
Jezus had gelijk. Zij die enkel vasten als anderen het zien en ze er applaus voor kunnen krijgen, kunnen niets anders dan hypocrieten zijn. En op diezelfde manier kunnen diegenen die op politieke fora grote woorden van vredesopbouw en mensenrechten roepen, maar in hun eigen leven niet aan innerlijke vrede werken, enkel hypocrieten zijn.
Satyagraha is net het tegenovergestelde. Klein en vanbinnen beginnen. Experimenteren met de waarheid van Liefde in het eigen leven en onder naasten. En dan, wanneer men 'getraind raakt in de waarheid', zal men langzaamaan ook grotere problemen aankunnen, zonder de focus op God te verliezen.
We willen natuurlijk allemaal graag onmiddellijk de grote problemen aanpakken, maar hoe kunnen we van mensen verwachten dat ze grote taken aankunnen als ze nog niet in staat zijn kleine te volbrengen. Hoe kunnen we van een maatschappij verwachten dat ze de grondstoffen in de wereld rechtvaardig verdeelt als de individuen in die maatschappij niet in staat zijn hun eigen kleine, persoonlijke luxes op te geven.

Een spiritualiteit van het vasten is dan ook een noodzaak geworden in onze wereld, op zijn minst voor iedere rijke westerling die zichzelf christen noemt. Christenen moeten een werkelijke spiritualiteit van het vasten ontwikkelen in hun hele doen en laten als zij willen bijdragen aan de meer dan noodzakelijke omwenteling in de wereld.

Het kan echter nooit voldoende worden herhaald: het is onmogelijk een dergelijke spiritualiteit te ontwikkelen zonder ook werkelijk te vasten in de gangbare betekenis van het woord. Het is het eigenlijke vasten waardoor we de verschillende dimensies, aspecten en moeilijkheden van de vastenattitude kunnen aanleren.

We moeten dus niet wachten op een speciaal ogenblik of een grote mogelijkheid om één of ander heroïsme te tonen. Echt heroïsme tonen we in ons vasthouden aan de waarheid in het dagelijkse leven. Zoals de Indische Nobelprijswinnaar Tagore ooit schreef: "Gods grote kracht bevindt zich in de zachte bries, niet in de gewelddadige storm."[59]

Vasten biedt een prachtige mogelijkheid om Gods zachte bries doorheen ons eigen leven en dat van anderen te laten waaien. Hoe kort en klein de vasten ook mag zijn, vasten kan door iedereen en overal via één of andere dimensie ervan gebruikt worden om meer vrede in zichzelf en de wereld te brengen.

Het vraagt niets speciaal. Het kost geen geld en het vereist geen hoge intellectuele capaciteiten. Het vraagt geen verbintenis aan één of ander instituut, geen immense hoeveelheid vrije tijd en geen verre reizen.

Hoe eenvoudig kan het zijn? Het enige wat nodig is, is de wil om bepaalde luxes, gehechtheden en

De spiritualiteit van het vasten

overbodigheden op te geven. Het kost wat religieuze moeite en een beetje spirituele overgave.
Er is uiteindelijk alleen wat wilskracht nodig om Gods Waarheid in nederige daden om te zetten.

Een vasten kan soms hard zijn, maar wanneer men het volhoudt, zijn de vruchten ervan heel zoet. Een vasten kan soms confronterend zijn maar als men toegewijd volhoudt, kan Gods liefde helend werken.
"Mijn religie leert me dat altijd wanneer er moeilijkheden zijn die men niet kan verwijderen, dat men dan moet vasten en bidden." zei Gandhi. Welke onze religie ook is, ze zou ons hetzelfde moeten leren.

Gandhi's vastenperiodes

1913 – Phoenixboerderij Zuid-Afrika – Een vasten omwille van het wangedrag van enkele jongeren in de leefgemeenschap. Gandhi vastte 7 dagen en at daarna gedurende 4 maanden slechts één maaltijd per dag. In die periode van vier maanden ondernam hij nog een tweede vasten van 14 dagen. Hij hoopte met dit vasten een grotere verbondenheid te bereiken in de leefgemeenschap.

1918 – Ahmedabad – Gandhi vastte 3 dagen om stakende molenarbeiders ervan te overtuigen niet terug aan het werk te gaan.

1919 – Ahmedabad – Gandhi vastte 72 uur als boete voor geweld tijdens de Rowlatt Satyagraha-actie. Hij hoopte iedereen wakker te schudden en aan te zetten tot het bewaren van hun moraliteit.

1921 – Bombay – Een driedaagse voorwaardelijke vasten om geweld gericht op buitenlanders tot bedaren te brengen. Zijn vasten was een oproep tot vriendschap tussen alle gemeenschappen.

1922 – Delhi – Gandhi vastte 5 dagen als boete voor

het incident van Chauri Chaura, waarbij enkele politieagenten werden vermoord door enkele aanhangers van de op dat moment aan de gang zijnde satyagraha-campagne.

1924 – Delhi – Gandhi vastte 21 dagen als boete voor geweld bij rellen tussen hindoes en moslims, in de hoop God terug te brengen in de harten van de religieuze gemeenschappen.

1925 – Ahmedabad – Een 7-daagse vasten omwille van het wangedrag van enkele jongeren in de Satyagraha ashram. Heel erg gelijklopend met de vasten van 1913. Hij wou met deze vasten de ashram zuiveren van morele fouten die de hele natie aantastten.

1932 – Poona – Een voorwaardelijke vasten van 6 dagen om het instellen van aparte electoraten van dalits te voorkomen en de dalits door hindoes te laten aanvaarden als volwaardige leden van de samenleving en de hindoereligie.

1933 – Poona – Gandhi vastte gedurende 21 dagen om de hindoes te overhalen dalits toe te laten in zowel hun tempels als hun hart.

1933 – Poona – Een voorwaardelijke vasten van 8 dagen met als eis de restricties op zijn werk voor de dalits weg te nemen tijdens zijn gevangenisstraf.

1934 – Wardha – Gandhi vastte 7 dagen als boete voor het geweld dat gepleegd werd tegen Pandit Lalnath, één van zijn volgelingen. Het spirituele doel van deze vasten was het doden van het monster van onaanraakbaarheid.

1939 – Rajkot – Een voorwaardelijke vasten van 4 dagen waarmee Gandhi de Raja van Rajkot wou overhalen zijn brutale onderdrukking van burgerlijk ongehoorzamen stop te zetten.

1943 – Poona – Gandhi vastte 21 dagen als symbolische aanklacht tegen de valse beschuldigingen van de overheid, die hem de schuld gaf van de ordeverstoringen na de 'Quit India'-campagne. Het was tegelijkertijd een smeekbede 'aan het Hoogste Tribunaal' (d.w.z. aan God) voor de rechtvaardigheid die hij niet van de onderkoning had gekregen.

1947 – Calcutta – Een voorwaardelijke vasten van 3 dagen om de rellen tussen hindoes en moslims stop te zetten. Op spiritueel vlak beoogde hij blijvende eenheid tussen hindoes en moslims.

1947 – Delhi – Idem als in Calcutta: een voorwaardelijke vasten van drie dagen om de rellen tussen hindoes en moslims stop te zetten, waarbij hij op spiritueel vlak blijvende eenheid tussen hindoes en moslims beoogde.

Dit overzicht bevat niet alle publieke vastenacties van de Mahatma. Enkele waren te klein om op te nemen en van anderen was het heel moeilijk om hun precieze historische context na te gaan. Het bevat evenmin alle vastenperiodes die Gandhi puur om persoonlijke redenen ondernam.

Woordenlijst

Ahimsa Komt uit het Sanskriet en betekent letterlijk 'niet kwetsen'. In brede zin houdt dit in: 'vermijden een voelend wezen te kwetsen door daad of gedachte'. Dit principe is van elementair belang in de Indische religies, vooral het jaïnisme en het boeddhisme. Het word vaak vertaald als 'geweldloosheid'. Gandhi zorgde echter voor een bredere betekenis van dit woord, zodat men het ook kan verstaan als Liefde met een hoofletter L. Gandhi beschouwde ahimsa als Gods basiswet.

Ashram Letterlijk betekent ashram 'een plaats van streven'. Het is een heilig verblijf van een sadhu, een heilige, een asceet of goeroe die zich bezighoudt met religieus onderricht. Het kan een plaats zijn waar de goeroe en zijn discipelen verblijven, een soort klooster of een sociale instelling met scholen, gastenverblijven, publicatiefaciliteiten, caritatieve bezigheden, enz. Vroeger hield een ashram het midden tussen een boerderij en een plek waar men naar verlichting zocht door spirituele middelen. Vandaag verwijst de term vooral naar het laatste, maar voor Gandhi betekende het nog steeds een plaats waar mensen het spirituele leven integreerden in dagdagelijkse realiteiten zoals boerderijwerk.

Atman	De aanwezigheid van Brahman als diepste essentie van alle entiteiten. Het Goddelijke Zelf in elk individu.
Brahmachari	Iemand die de gelofte van brahmacharya heeft afgelegd.
Brahmacharya	Sanskriet voor celibaat. Gandhi deed een gelofte van brahmacharya toen hij 35 was.
Brahman	De absolute realiteit, het eeuwige, het ene, het ultieme principe dat zowel de 'oorzaak' als de diepste essentie is van het gehele universum.
Chandrayana	Chandrayana is een soort vasten waarbij de hoeveelheid voeding overeenkomt met het wassen (vergroten) en wanen (verkleinen) van de maan.
Chaturmas	Chaturmas betekent letterlijk 'een periode van vier maanden'. Het wijst op een gelofte van volledig of half vasten tijdens de vier maanden van het regenseizoen.
Dalit	Dalit betekent 'onderdrukte' of 'vermorzelde'. Het is de term die de kastelozen vandaag de dag gebruiken voor hun eigen groep. In het westen spreekt men ook vaak van onaanraakbaren. Gandhi gebruikte het woord 'Harijan'.
Dharma	Een term die afgeleid is van het Sanskriet woord 'dhar' wat 'vasthouden' en 'volhouden' betekent. Dharma is een term die in hindoeïsme en boeddhisme het principe van de universele wet aanduidt. Het is de 'weg' of het 'pad' van het leven en zijn. Op een 'menselijk niveau' betekent het de juiste gedragswijze die overeenstemt met de plicht en aard van een mens. Maar het is ook de term die gebruikt wordt om de wetmatigheden van het universum aan te duiden. Alles wat bestaat is in die zin aan dharma gebonden.

Harijan	Gandhi noemde de kastelozen 'Harijans'. Letterlijk betekent het 'de mensen van Hari' (Hari is een andere naam voor de god Vishnu). Gandhi vertaalde het woord zelf als 'kinderen van God'. Hij gebruikte het woord ook als een titel voor één van zijn tijdschriften. Niettemin beschouwen kastelozen deze term soms als neerbuigend omdat het woord hier en daar ook werd gebruikt om de kinderen van tempelprostituees aan te duiden. Zij verkiezen zelf het woord 'dalit'.
Himsa	Sanskriet woord dat schade, verwonding, kwaadaardigheid en geweld betekent.
Mahatma	Letterlijk betekent maha-atma 'grote ziel'. Deze bijnaam werd voor het eerst aan Gandhi gegeven door Rabindranath Tagore. Deze eretitel wordt normaal voorbehouden voor mensen die meester geworden zijn over hun begeerten en beschouwd worden als bevrijde zielen. Gandhi vertelde vaak dat hij niet zo opgezet met deze bijnaam, aangezien hij van zichzelf niet vond dat hij deze verdiende.
Mandir	Letterlijk betekent het 'paleis'. Gandhi gebruikte deze term soms voor de gevangenissen waarin hij zich bevond. Zijn gevangenschappen waren voor hem immers periodes waarin hij kon rusten, religieuze boeken las en zich op gebed kon richten.
Moksha	Een Sanskriet woord dat wijst op verlies van ego-gerichtheden en begeerten, vereniging met Brahman en van daaruit bevrijding uit de cyclus van reïncarnatie.

Satyagraha	Een term die werd bedacht door Gandhi en zijn groep tijdens de strijd tegen het onrecht dat de Indiërs in Zuid-Afrika te verduren kregen. Letterlijk betekent het 'vasthouden aan de waarheid' maar Gandhi gebruikte ook heel vaak de uitdrukking 'zielskracht' om het te omschrijven. Het betekent aldus de permanente focus op de wetten van God als de essentie van ons eigen zijn. Wanneer satyagraha gebruikt wordt in een politieke strijd, wordt het zo een methode die noodzakelijkerwijze inhoudt dat men afziet van geweld (ahimsa), steeds waarachtig en eerlijk is (sat) en bereid is zichzelf op te offeren (tapasya) om maatschappelijke rechtvaardigheid te bekomen.
Satyagrahi	Iemand die zich toelegt op satyagraha. Gandhi omschreef een satyagrahi vaak als 'hij die aan waarheid is toegewijd'.
Tapas	Tapas betekent in het Sanskriet "hitte". In het hindoeïsme wordt het figuurlijk gebruikt als een 'vurig proces' van spiritueel lijden, versterving, boete en ascese. Het betekent daarom ook de spirituele extase van de spirituele zoeker die de onzuiverheden van het ego – illusies en karma – 'verbrandt'.
Upanishad	De Upanishaden zijn verschillende belangrijke teksten in het hindoeïsme. Letterlijk betekent het "vlakbij zitten", wat impliceert dat studenten vlakbij de voeten van de goeroe zaten wanneer ze luisterden naar de Upanishaden. Ze zijn een onderdeel van de Hindu Shruti, een verzameling van geschriften over meditatie en filosofie.

Referenties

1 M. K. GANDHI, *An Autobiography, The Story of my Experiments with Truth*, Beacon Press, Boston, 1993, p. 5
2 M. K. GANDHI, *An Autobiography*, p. 48
3 M. K. GANDHI, *An Autobiography*, p. 209
4 M. K. GANDHI, *An Autobiography*, p. xxvii-xxviii
5 M. K. GANDHI, *Fasting in the air (21.04.1946)*, in *CWMG*, vol. 90, p. 234. – De CWMG zijn de *Collected Works of Mahatma Gandhi*, zoals uitgegeven door de het ministerie van informatie en media van India. Alle teksten die Gandhi ooit schreef, van boeken over artikels en brieven tot kleine krabbels op losse papiertjes, werden verzameld in deze Collected Works. Alle 98 delen van de Collected Works kunnen worden gedownload op gandhiserve.org:
http://www.gandhiserve.org/cwmg/cwmg.html
6 M. K. GANDHI, *An Autobiography*, p. 342
7 M. K. GANDHI, *An Autobiography*, p. 343
8 Ibid.
9 Ibid.
10 M. K. GANDHI, *An Autobiography*, p. 431
11 M. K. GANDHI, *An Autobiography*, p. 432
12 M. K. GANDHI, *Speech at Prayer Meeting (12.01.1948)*, in *CWMG*, vol. 98, p. 219
13 M. K. GANDHI, *Speech at Prayer Meeting (12.01.1948)*, in *CWMG*, vol. 98, p. 220
14 M. K. GANDHI, *Discussion with two Co-workers, (18.10.1946)*, in

CWMG, vol. 92, p. 345.
15 M. K. GANDHI, *Statement to the press, (01.09.1947)*, in *CWMG*, vol. 96, p. 318.
16 M. K. GANDHI, *Discussion with C. Rajagopalachari, (01.09.1947)*, in *CWMG*, vol. 96, p. 319.
17 M. K. GANDHI, *Speech at Prayer Meeting (18.01.1948)*, in *CWMG*, vol. 92, p. 259.
18 M. K. GANDHI, *A Deep Stain (13.11.1921)*, in *CWMG*, vol. 25, p. 126-127.
19 M. K. GANDHI, *its meaning (24.11.1921)*, in *CWMG*, vol. 25, p. 495.
20 K. ELST, *De moord op de Mahatma*, Davidsfonds, Leuven, 1998, p. 60.
21 K. ELST, *De moord op de Mahatma*, p. 60.
22 S. MURPHY, *Why Gandhi is Relevant in Modern India*, The Gandhi Peace Foundation, New Delhi, p. 72.
23 M. K. GANDHI, *Discussion with two Co-workers, (18.10.1946)*, in *CWMG*, vol. 92, p. 346.
24 S. MURPHY, *Why Gandhi is Relevant in Modern India*, p. 74.
25 M.L. King, *The Papers of Martin Luther King, Jr: Symbol of the movement, January 1957-December 1958*, University of California Press, 2000
26 M. K. GANDHI, *All about the fast, (08.07.1946)*, in *CWMG*, vol. 61, p. 221-222.
27 M. K. GANDHI, *An Autobiography*, p. 343
28 M. K. GANDHI, *Discussion with two Co-workers, (18.10.1946)*, in *CWMG*, vol. 92, p. 345-346.
29 Zie, in volgorde, 1 en 2 Samuel, Ezra 8:21-23, 1 Sam 1:7, Dan. 10:3
30 De historische en exegetische elementen in dit hoofdstuk werden vooral gehaald uit J. MUDDIMAN, *Fasting*, in *The Anchor Bible Dictionary* 2 (1992) p. 774., J. MUDDIMAN, *Jesus and Fasting*, in J. Dupont (ed.), *Jesus aux origines de la christologie*, Leuven University Press, Leuven, 1975, p. 273 en J. ZMIJEWSKI, nhsteia, in *Exegetical Dictionary of the New Testament* 2 (1981)p. 446
31 Mc. 2:18-22, *De Nieuwe Bijbelvertaling*.
32 Jl 2:16, *Willibrordvertaling*
33 Mt. 6:16-18, *De Nieuwe Bijbelvertaling*.

34 Lc. 10:27, *De Nieuwe Bijbelvertaling*.
35 Lc. 4:1-13 *De Nieuwe Bijbelvertaling*.
36 Mt. 6:31-34 *De Nieuwe Bijbelvertaling*.
37 Mt. 6:24 *De Nieuwe Bijbelvertaling*.
38 Mt. 6:19-21 *De Nieuwe Bijbelvertaling*.
39 Lc. 4:1 *De Nieuwe Bijbelvertaling*.
40 B. GRIFFITHS, *Notes*; http://www.crvp.org/book/Series03/IIIB-3/notes.htm
41 M. K. GANDHI, *To the Harijans of Gujurat (20.08.1933)*, in *CWMG*, vol. 61, p. 329.
42 Mt. 7:1-5 *De Nieuwe Bijbelvertaling*.
43 M. K. GANDHI, *The Latest Fast (30.10.1925)*, in *CWMG*, vol. 33, p. 269.
44 -, *Saranam. Hindu Rituals, Advice & Resources;* http://www.saranam.com/
45 Zie o.a. L.VANKRUNKELSVEN, *Gevolgen*, http://www.wervel.be/soja-themas-71/dramatische-gevolgen-themas-103
46 Zie o.a. A. De Walsche, *Een mens leeft niet van ICT alleen*, MO*, 23 juni 2008, http://www.mo.be/node/18031
47 Zie o.a. E. WAGENHOFFER, *We feed the world*, Allegro Film, 2005
48 Dit citaat prijkt op een bord aan de ingang van Bapu Kuti, het huisje in de Sevagram ashram, Gandhi's laatste woonplaats.
49 Mc. 2:19, *De Nieuwe Bijbelvertaling*.
50 M. K. GANDHI, *Was it coercive? (09.09.1933)*, in *CWMG*, vol. 61, p. 375-378. Deze tekst werd hier en daar wat aangepast om de leesbaarheid ervan te verhogen. Sommige zinnen werden weggelaten en verwijzingen naar een specifieke vastenactie van Gandhi werden omgezet in richtlijnen voor vasten in het algemeen.
51 M. SHEPARD, *Island of Peace. Lanza del Vasto and the Community of the Ark*; http://www.markshep.com/nonviolence/Ark.html.
52 De historische feiten over deze acties van Larzac werden vooral uit de volgende bronnen gehaald: M. SHEPARD, Island of Peace. Lanza del Vasto and the Community of the Ark; http://www.markshep.com/nonviolence/Ark.html, J. HANSSENS, & K. SAVAT, *Geweldloos!?*, Kommissie Rechtvaardigheid en Vrede, Brussels, 1983, p. 35.-, *Larzac*;

http://en.wikipedia.org/wiki/Larzac
53 A. S. J. PIERIS, *God's Reign for Gods Poor. A Return to the Jesus Formula*, 2nd rev. ed. Tulana Research Centre, Gonawila - Kelaniya, s.d..
54 S. ROSS, *Fasting*, Sheldon Press, London, 1976, p. 61-62.
55 M. K. GANDHI, *Thoughts on the Satyagraha Week (24.03.1920)*, in *CWMG*, vol. 19, p. 487. In het originele citaat staat 'vlees' i.p.v. 'ego'. Deze kleine aanpassing licht echter in de lijn van wat Gandhi bedoelde, aangezien het woord vlees hier niet enkel verwijst naar het 'lichaam', maar ook symbool staat voor de materie-gerichtheid van het ego.
56 M. K. GANDHI, *Thinking Aloud (15.04.1933)*, in *CWMG*, vol. 60, p. 379.
57 M. K. GANDHI, *Speech at Prayer Meeting (12.01.1948)*, in *CWMG*, vol. 98, p. 220.
58 USHA (ed.), *Vinoba Darshan*, Paramdhan Prakashan, Paunar, 2005, p. 188.
59 R. TAGORE, *Stray Birds*, The Macmillan Company, New York, 1916.

www.jonasslaats.net
www.yunuspublishing.org

www.ingramcontent.com/pod-product-compliance
Lightning Source LLC
LaVergne TN
LVHW011153080426
835508LV00007B/372